Susanne Helmold

Nähen für die Hochzeit

Traumhafte Geschenke und Dekorationen für den schönsten Tag im Leben

OZ creativ

Vorwort

Liebe Leserinnen, liebe Leser,

es beginnt immer mit den Worten: „Willst du …?“ und endet meist in einem rauschenden Hochzeitsfest mit vielen verspielten Details und dekorativen Accessoires. Doch bis es soweit ist, gibt es noch einiges zu tun.

Das Brautpaar und alle, die helfen, diesen schönsten Tag vorzubereiten, müssen eine Reihe von Entscheidungen treffen: Wie gestaltet man Brauttasche, Ringkissen, Reis- oder Blütentäschchen und all die anderen Kleinigkeiten, auf die Braut, Bräutigam und Brautjungfern an diesem festlichen Tag nicht verzichten können? Wie wird der Hochzeitstisch aussehen, wie sollen Tischdecken, Serviettenringe und Bestecktaschen gestaltet werden und wie präsentiert man die Menüfolge am besten?

Familienangehörige und Freunde machen sich Gedanken über ein Geschenk für das Brautpaar: Persönlich und einzigartig soll es sein und das Paar ein ganzes Leben lang begleiten. Wäre da nicht eine traumhaft schöne Handarbeit genau das Richtige?

Weil sich die meisten Hochzeitspaare und ihre Gäste diese Fragen stellen, geht es in diesem Buch um besondere Accessoires für Brautpaar und Brautjungfern, um wunderbare Details für die Tischdekoration sowie um ganz persönliche Geschenkideen. Allerhand Nützliches und Verspieltes lässt sich hier finden und so manches kann mit einem kleinen Augenzwinkern betrachtet werden. Sie können jedes Modell dem jeweiligen Farbkonzept einer Hochzeit anpassen – lassen Sie sich einfach nur inspirieren!

Viel Spaß beim Feiern
wünscht

Susanne Helmold

Inhalt

★ = *einfach*
★★ = *mittel*
★★★ = *etwas aufwändiger*

Werkzeuge und Zubehör

Damit das Nähen richtig Spaß macht und sich die Ergebnisse sehen lassen können, sind gutes Werkzeug und ein gut organisierter Arbeitsplatz wichtig. Die nachfolgend aufgeführten Werkzeuge und Materialien sollten vor Beginn der Näharbeiten vorhanden sein.

GRUND-MATERIAL

- Nähgarn
- Nähnadelset
- Stecknadeln
- Transparentpapier, Seidenpapier oder Schneiderkopierpapier
- Fotokarton
- Kopierrädchen
- Schere
- Maßband
- Bleistift
- Schneiderkreide
- Nähmaschine
- Bügeleisen
- Bügelunterlage

HINWEIS

Die meisten der hier genannten Werkzeuge und Hilfsmittel werden in den Materiallisten bei den Modellanleitungen nicht noch einmal aufgeführt.

Die Nähmaschine

Mit modernen Nähmaschinen können einfache Stiche wie Gerad- und Zickzackstich, aber auch einige Elastikstiche ausgeführt sowie Knopflöcher gearbeitet werden. Mit computergesteuerten Nähmaschinen lassen sich neben Zier- und Nutzstichen sogar programmierte Stickereien ausführen.

Stickmaschinen

Einige der Modelle in diesem Buch lassen sich nur mit einer Nähmaschine mit Stickaggregat realisieren. Sollte kein Stickaggregat zur Verfügung stehen, hat man die Möglichkeit, den im Einzelhandel angebotenen Stickservice zu nutzen. Die für dieses Buch verwendete Nähmaschine verfügt über einen Stickrahmen, mit dem individuelle Stickideen realisiert werden können. Zum Erzielen guter Stickergebnisse ist es wichtig, den Stoff immer mit einem Stickvlies zu unterlegen und Stoff sowie Stickvlies gemeinsam in den Stickrahmen einzuspannen. Der Stoff und das Stickvlies müssen glatt und fest eingespannt sein. Die Qualität der Stickarbeit wird beeinträchtigt, wenn der Stoff verzogen oder zu locker eingespannt ist. Dies kann dazu führen, dass sich Farben überlappen, Konturlinien nicht genau zusammentreffen oder unter der Stickerei Falten entstehen.

Stickgarne

Für Stickereien sollten nur spezielle Garne verwendet werden. Rayongarn ist ein weiches und leicht glänzendes Garn, das sich für das Sticken empfiehlt. Die Farbpalette ist nahezu unendlich groß, neben den normalen Farbgarnen gibt es noch spezielle Metallicgarne, die allerdings etwas empfindlicher sind und bei niedrigerer Nähgeschwindigkeit verarbeitet werden sollten. Die Stärke eines Garns wird mit einer Nummer bezeichnet: Je niedriger die Nummer, desto dicker ist das Garn. Die in diesem Buch gezeigten Stickereien wurden mit 40er Garn realisiert.

Bügeleinlagen und Vliese

Bügeleinlagen gibt es in verschiedenen Stärken. Sie haben eine beschichtete Klebeseite, die mit Hilfe eines Bügeleisens auf dem Stoff fixiert wird. Unumgänglich für das Gelingen einer Maschinenstickerei ist die Verwendung von Stickvlies, das gerade bei leicht rutschenden und dehnbaren Stoffen mehr Widerstand bietet und das Maschinensticken problemlos ermöglicht. Mit doppelseitigem Haftvlies können zwei Stoffe aufeinander gebügelt werden. Daneben gibt es auch wasserlösliches Vlies, das nach dem Sticken mit Wasser ausgewaschen und so entfernt werden kann.

Scheren

Bei Näharbeiten werden verschiedene Scheren benötigt: eine zum Schneiden von Papier, eine zum Zuschneiden der Stoffe sowie eine kleine Stickschere zum Abschneiden der Fäden. Die Stoffschere ist so konzipiert, dass die untere Kante beim Schneiden flach aufliegt und den Stoff nicht anhebt. Die Papierschere sollte ausschließlich zum Ausschneiden der Schnittteile verwendet werden. Beim Auftrennen von Nähten kann die Stickschere hilfreich sein. Schneller geht es mit einem Trennmesser (Pfeiltrenner).

Nadeln

Nähmaschinennadeln sollten immer in verschiedenen Stärken vorrätig sein. Als Grundregel gilt: Je feiner der Stoff, desto feiner sollte auch die Nadel sein. Für das Nähen von gewebten Stoffen verwendet man am besten eine Nadel in der Stärke 60 (fein) bis 100 (stark). Bei dehnbaren Stoffen wie beispielsweise Jersey oder Stretchstoffen sollte die Nadel abgerundet sein. Die normale Nadelstärke für Stickereien ist 80. Die Sticknadel hat eine leicht abgerundete Spitze mit einem relativ großen Nadelöhr. Je größer das Nadelöhr, desto besser lässt sich auch mit dickeren Stickgarnen arbeiten.

Nähgarne

Es gibt Nähgarne aus reiner Seide, aus Baumwolle sowie aus Polyester. Für Stickereien eignet sich das sehr dünne Maschinenstick- und Stopfgarn. Knopflöcher näht man am besten mit dickem Knopflochgarn und Heftgarn.

Schneiderkreide

Mit Schneiderkreide werden die Umrisse von Papierschablonen auf die linke Stoffseite gezeichnet. Vor Beginn der Arbeit jedoch unbedingt auf einem Stoffrest ausprobieren, denn

aus manchen Stoffen lässt sich die Kreide nicht mehr entfernen! Für Linien und Markierungen auf der rechten Stoffseite verwendet man Sublimatkreide (Chemiekreide). Die Linien verschwinden nach ein bis zwei Tagen oder durch Bügeln.

Kopierrädchen
Das Kopierrädchen wird dazu benutzt, ein Schnittmuster von einem Schnittmusterbogen auf den Stoff zu übertragen. Dabei wird die farbige Beschichtung auf der Unterseite des Kopierpapiers auf den Stoff transferiert.

Maßband
Unerlässlich für alle Näharbeiten ist die Verwendung eines weichen und flexiblen Maßbandes, welches das Ausmessen und Maßnehmen problemlos ermöglicht.

Schneiderkopierpapier
Dieses Spezialkopierpapier weist auf einer Seite eine lösliche Farbschicht auf und wird dazu verwendet, Schnittmuster mit Hilfe eines Kopierrädchens auf den Stoff zu übertragen.

Bügeleisen und Bügelunterlage
Zum Bügeln benötigt man ein Bügeleisen mit Dampffunktion, ein Bügelbrett, ein Ärmelbügelbrett (für kleinere Bügelarbeiten) sowie ein Bügeltuch aus nicht fusselnder Baumwolle oder feinem Leinen. Insbesondere für kleinere Modelle lohnt sich noch die Anschaffung eines runden Bügelkissens, das auf das Ärmelbrett geschoben werden kann. Dieses ist besonders für das Aufbügeln von Abnähern oder runden Nähten gut geeignet.
Die Bügeltemperatur richtet sich nach der jeweils verwendeten Stoffqualität. Baumwolle und Leinen können sehr heiß gebügelt werden, während Kunstfasern (z.B. Futtertaft) keine große Hitze vertragen. Bei Mischgeweben richtet sich die Bügeltemperatur immer nach der empfindlichsten Faser. Empfehlenswert ist eine Bügelprobe auf einem Stoffrest.

HINWEIS

Besteht ein Stoffteil aus einem einfachen Rechteck, finden Sie hierfür keine Schnittvorlage. Übertragen Sie die angegebenen Maße einfach mit Hilfe von Lineal und Geodreieck auf den Stoff und schneiden Sie das Rechteck zuzüglich der angegebenen Nahtzugabe aus.

Stoffqualitäten

Batist
Ein leichter Baumwollstoff, oftmals mit einem leichten Glanz.

Baumwollstoff
Wird gerne als Dekorationsstoff verwendet. Baumwollstoff ist von Natur aus strapazierfähig und wird für eine bessere Haltbarkeit und Pflege häufig mit Synthetikfasern gemischt.

Baumwollsatin
Dieser Baumwollstoff ist weich und leicht glänzend. Baumwollsatin wird als einfarbige Meterware in vielen Farbtönen und Stoffdichten angeboten. Er eignet sich besonders gut als Futterstoff.

Brokat
Mit seinem satinähnlichen Gewebe mit erhabenem Muster wirkt dieser Stoff besonders edel. Er ist in unterschiedlichen Materialmischungen erhältlich, z. B. in einer Baumwollleinenmischung und Seide. Er franst leicht aus und sollte deshalb doppelt gesäumt und an den Nähten eingefasst werden.

HINWEIS

Wenn Sie Schrift mit Hilfe von Transferfolie auf Stoff übertragen möchten (siehe z. B. Bestecktasche Seite 44), müssen Sie den Stoff vor der Verarbeitung unbedingt waschen, um die Appretur zu entfernen. Nur wenn die Appretur gründlich entfernt wurde, ist das Druckbild von guter Qualität.

Leinen
Leinen ist ein locker gewebter Stoff aus natürlichen Flachsfasern. Die glatte Oberfläche ist matt glänzend, wenig schmutzanfällig und fusselt nicht. Sein unregelmäßiges Garnbild erzeugt eine leicht rustikale Optik.

Taft
Ein glatter, ein- oder mehrfarbig gewebter Stoff mit einem ausgeprägten Schimmer, der aus einem Gemisch von Synthetikfasern besteht. Die meisten Taftarten fransen sehr schnell.

Tüll
Ein transparenter Gardinenstoff aus Baumwolle oder Synthetikgarnen, die zu einem Netz geknüpft sind. Er franst beim Zuschneiden nicht aus und die Schnittkanten müssen nicht versäubert werden.

Seide
Seide wird aus den Kokons der Maulbeerspinner gewonnen. Sie verfügt über eine hohe Reißfestigkeit und ist je nach Qualität, Gewebeart und Ausrüstung sehr leicht und geschmeidig oder schwer, steif und leicht knitteranfällig. Seide beim Bügeln nie nachträglich befeuchten, denn dies kann Wasserflecken hinterlassen!

Spitze
Ursprünglich eine Handarbeit aus Leinen, wird moderne Spitze heute maschinell aus Baumwolle, Nylon oder Viskose hergestellt. Spitze ist in einer Vielzahl von Mustern, in Form vorgefertigter Einsätze oder als schmale, flache oder gerüschte Borte erhältlich.

Dekomaterialien

Seidenblüten und Diorröschen
Seidenblüten und -blätter werden aus Kunstfasern in unterschiedlichen Qualitäten hergestellt. Diorröschen sind aus schmalen Satinbändern geformte Rosen, die in unterschiedlichen Größen und Farben angeboten werden. Seidenblüten lassen sich mit Textilkleber oder mit einigen Stichen von Hand am Stoff befestigen. Für die Dekoration von Brauttaschen lohnt sich die Investition in hochwertige Seidenblüten.

Strass
Strass bezeichnet Glassteine aus bleihaltigem Glasfluss, die seit dem 18. Jahrhundert als Imitationen von Diamanten verwendet werden. Eine günstige Variante bieten Strassimitationen aus Acrylglas, die in unterschiedlichen Größen und Farben im Hobbyfachhandel erhältlich sind.

Dekobänder
Satin- und Brokatbänder werden je nach Qualität aus Seiden- oder Kunststofffasern hergestellt. Durch ihren Seidenglanz und die teilweise changierende Farbwirkung eignen sie sich besonders gut für hochwertige Dekorationen. Sie sind in fast allen Farben und in unterschiedlichen Breiten zu bekommen.

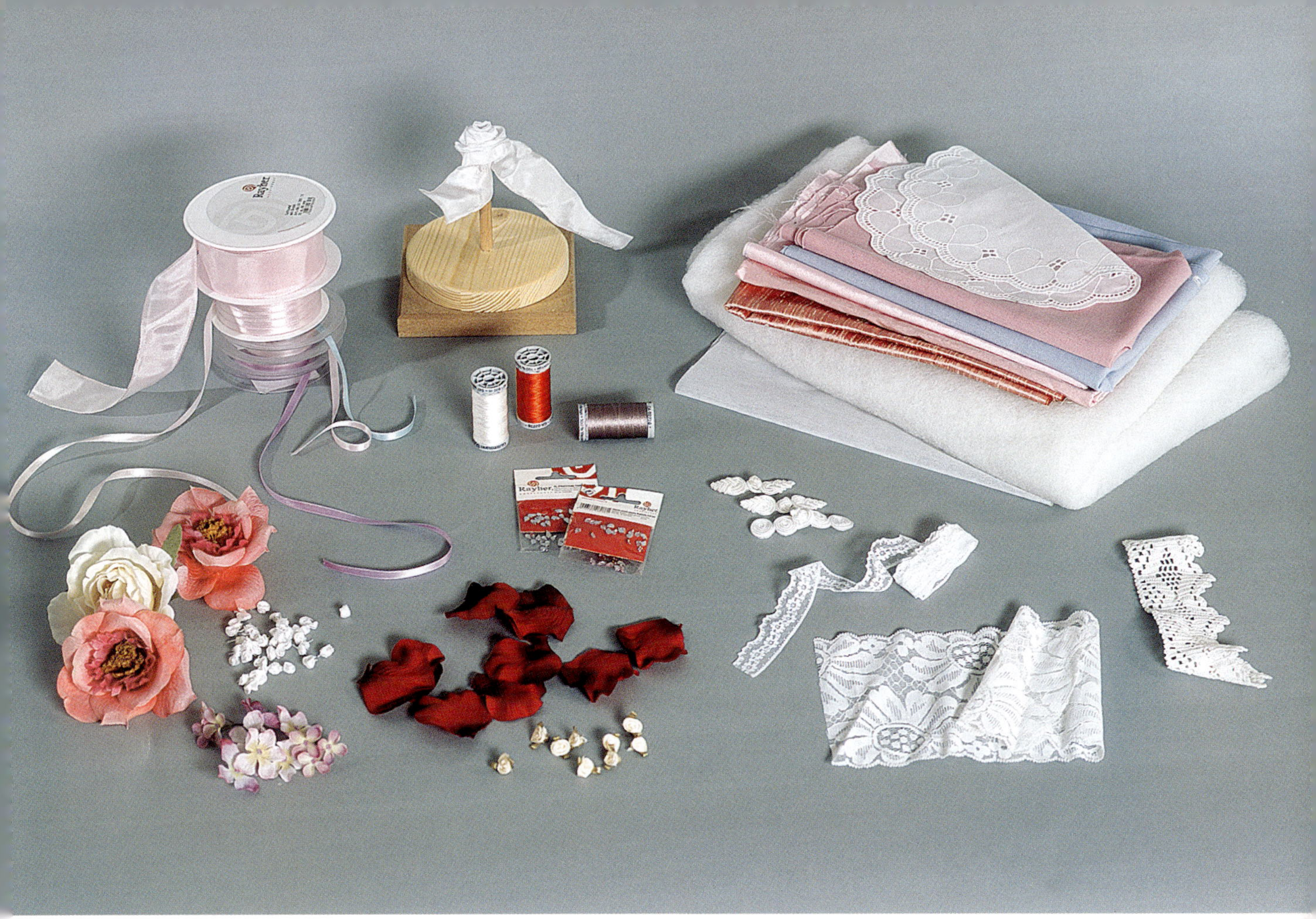

Nähbegriffe

Schnittmuster
Die Schnittmuster befinden sich auf den Seiten 56–59. Unter der Rubrik „Zuschnitt" ist angegeben, wie oft die einzelnen Teile auf den Stoff übertragen und zugeschnitten werden müssen. Für das Übertragen der Schnittmuster ist Transparent-, Seiden- oder Schneiderkopierpapier am besten geeignet. Anschließend können die einzelnen Schnittteile auf Fotokarton geklebt und ausgeschnitten werden.

Schnittmuster vergrößern
Einige Schnittmuster im Vorlagenteil sind verkleinert abgebildet und müssen daher vor Beginn der Arbeit vergrößert werden. Der jeweilige Vergrößerungsfaktor ist angegeben. Man kann die Vorlagen an einem Kopierer vergrößern oder hat die Möglichkeit, sie über die Rastermethode auf die richtige Größe zu bringen. Dazu ein Rasterquickquadrat über die Vorlage legen, das Kästchen von je 1 cm Größe für kleinere Formen sowie dickere Markierungen für 5 cm große Kästchen aufweist. Anschließend wird das Motiv Kästchen für Kästchen in das neue Raster übertragen.

Verstürzen
Das Wenden von zwei Stofflagen durch eine offene Naht nennt man Verstürzen. Die Stoffe werden rechts auf rechts, das heißt Vorderseite auf Vorderseite, zusammengesteppt, die Ecken der Nahtzugaben werden gegebenenfalls abgeschnitten. Nach dem Wenden sind die Nähte unsichtbar.

Versäubern
Beim Versäubern wird mit dem Zickzackstich über offene Stoffkanten genäht, um ein Ausfransen der Stoffkanten zu verhindern. Besonders gewebte Stoffe, wie z. B. Leinen oder Futtertaft, fransen an offenen Stoffkanten schnell aus und müssen versäubert werden.

Kräuseln
Kräuselfalten lassen sich einfach mit der Maschine herstellen. Dazu wird das zu kräuselnde Stoffteil bei großer Sticheinstellung (Heftstich) zweimal mit knapp nebeneinander liegenden Nähten gesteppt. Dann die beiden Unterfäden auf die benötigte Weite zusammenziehen und die Falten gleichmäßig verteilen.

TIPP

Zur Verwendung von Schneiderkopierpapier siehe Seite 7. Sollten Sie Vorlagen mehrfach übertragen wollen, empfiehlt sich die Herstellung einer Schablone aus Fotokarton.

Lehrgang Tasche nähen

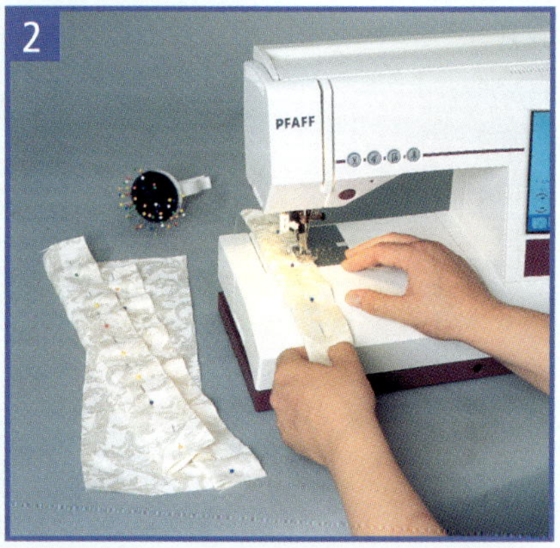

Am Beispiel der Tasche von Seite 14. Zuschnitt siehe Seite 14. Vorlage siehe Seite 56.

MATERIAL

- Grundmaterial (siehe Seite 6)
- Brokatstoff in Creme, 150 cm breit, 50 cm
- Futtertaft in Creme, 150 cm breit, 50 cm
- Spitzenborte, 80 cm
- Bügeleinlage Vlieseline H630, 70 cm

1. Alle Schnittteile mit Transparent- oder Seidenpapier abpausen und, falls gewünscht, auf Fotokarton übertragen. Die Schnittteile ausschneiden, auf den Stoff auflegen (ggf. im Stoffbruch) und feststecken. Entsprechend dem Schnitt für Seitenteile und Boden den Stoff (hier: Brokatstoff) mit einer Nahtzugabe von 2,5 cm zuschneiden. Für die Griffe je zwei Streifen aus Brokatstoff in einer Größe von 36 x 8 cm zuschneiden.

2. Die Streifen rechts auf rechts legen, dann der Länge nach falten und die Längsseite absteppen. Die Streifen wenden und dabei nicht bügeln, damit die Griffe später leicht geplustert wirken.

3. Für den Rüschenbesatz einen 85 x 10 cm langen Streifen zuschneiden, der Länge nach falten, die Längsseite knappkantig absteppen und versäubern. Den Schlauch wenden und die Naht mit dem Bügeleisen leicht dämpfen.

4. Die Bügeleinlage mit 2,5 cm Nahtzugabe nach dem Schnitt zuschneiden und mit einem feuchten Tuch oder mit Dampfeinstellung auf die linke Stoffseite bügeln.

5. Die Seiten der Tasche rechts auf rechts aufeinanderlegen, an den Außenrändern zusammenheften und absteppen. Anschließend die Nahtzugabe auf 0,5 cm zurückschneiden und mit dem Zickzackstich versäubern. Die Tasche auf rechts wenden und bei niedriger Temperatur Nähte und Oberstoff bügeln.

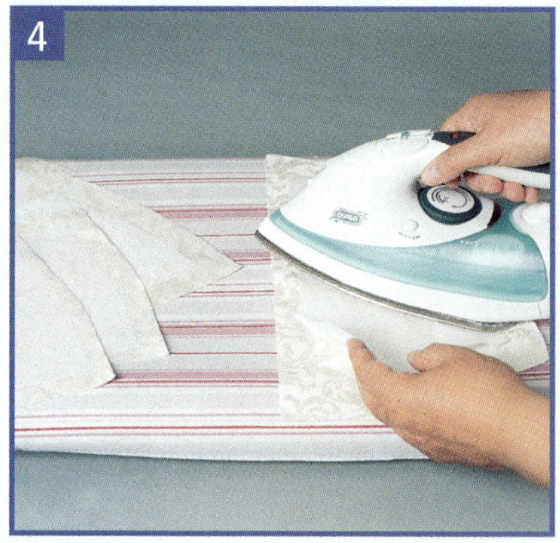

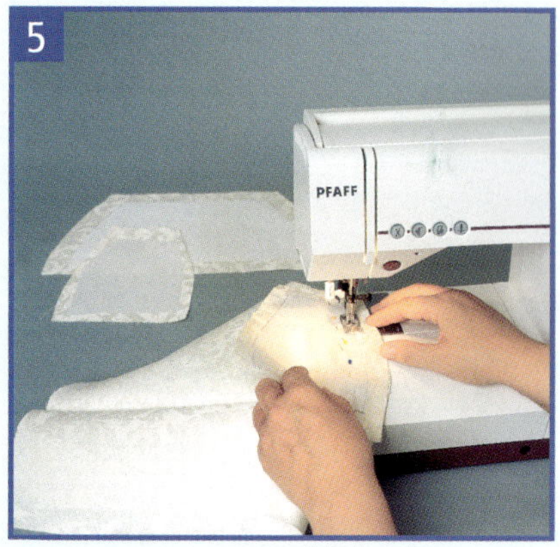

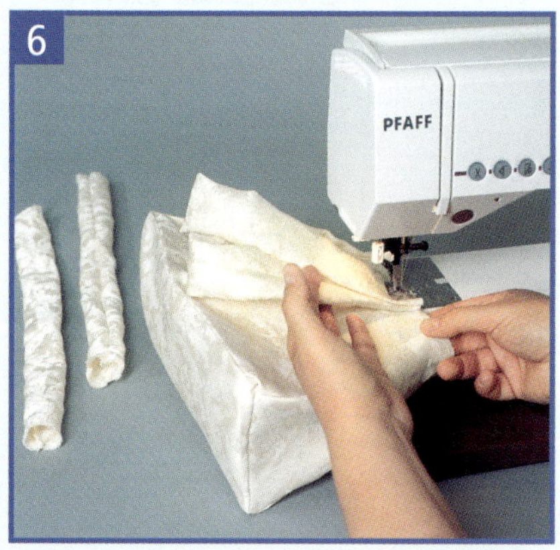

6. Auf jede Außenseite der Tasche zwei Taschenträger auflegen, feststecken und mit einigen Heftstichen mit der Nähmaschine in Position halten.

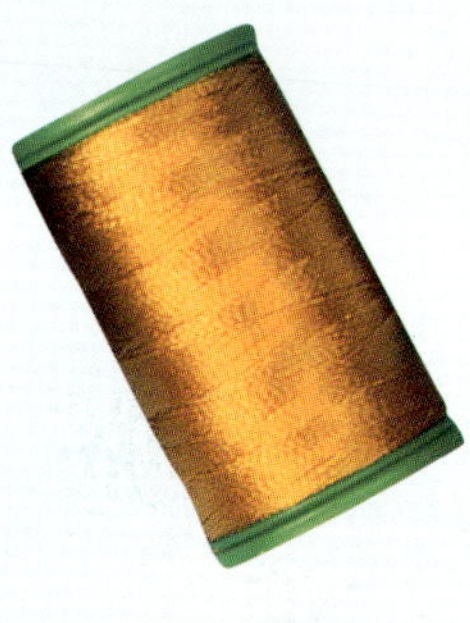

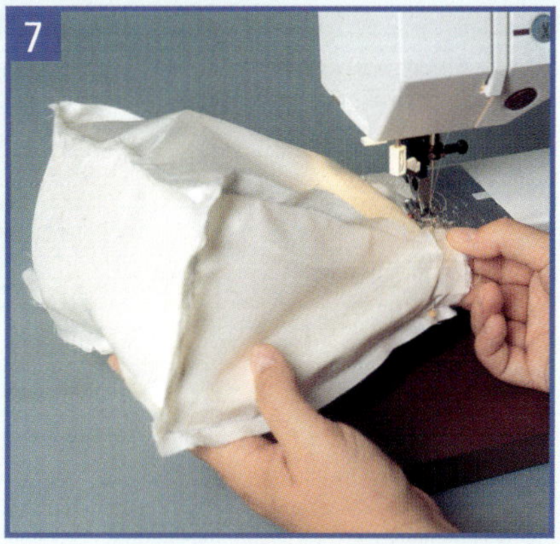

7. Die Innentasche aus Futterstoff zusammensetzen, dabei am Bodenstück eine ca. 12 cm lange Öffnung lassen. Die Nähte absteppen, die Nahtzugabe auf 0,5 cm zurückschneiden und die Kanten versäubern. Ober- und Innentasche übereinanderziehen, dabei müssen die rechten Seiten aufeinanderliegen. Beide Taschen entlang der oberen Kante knappkantig zusammenheften und mit der Maschine absteppen. Dabei die Träger mitfassen.

8. Sodann die Heftfäden an den Trägern entfernen. Die Innentasche nach außen ziehen und die offene Naht des Futters nach innen einschlagen. Die verbliebene Öffnung von Hand schließen. Die Innentasche in die Tasche hineinstecken.

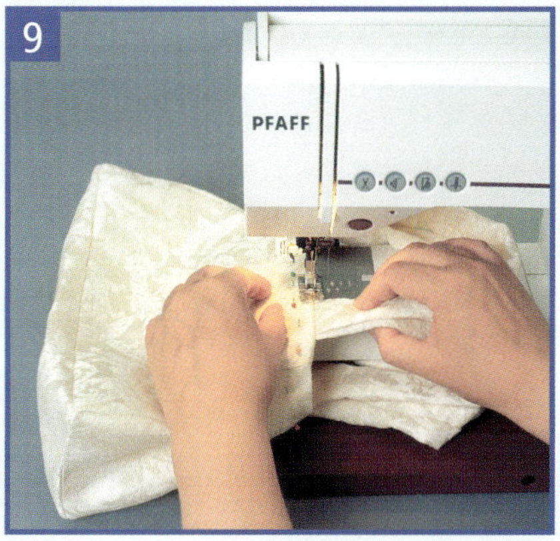

9. Dann mit einer Naht knappkantig an der oberen Kante der Außentasche die Öffnung absteppen.

10. Den Rüschenbesatz an der oberen Kante zweimal mit großen Stichen (Heftstichen) absteppen. Den Besatz durch Ziehen an den überstehenden Heftfäden gleichmäßig raffen, bis eine gleichmäßige Kräuseloptik entsteht und der Besatz die gleiche Länge wie die Taschenöffnung hat.

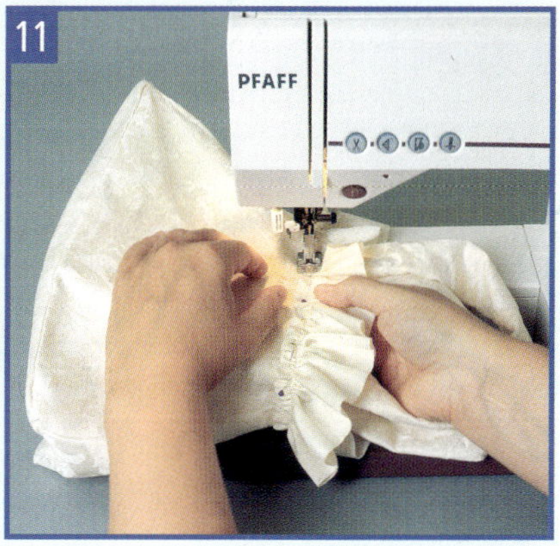

11. Den Rüschenbesatz rechts auf rechts an die Taschenöffnung heften und gegebenenfalls die Kräuselung nochmals gleichmäßig verteilen. Dann den Besatz knappkantig mit der Nähmaschine aufnähen.

12. Die Spitzenborte zuschneiden, anheften und von Hand mit kurzen Stichen an den Brokatstoff nähen.

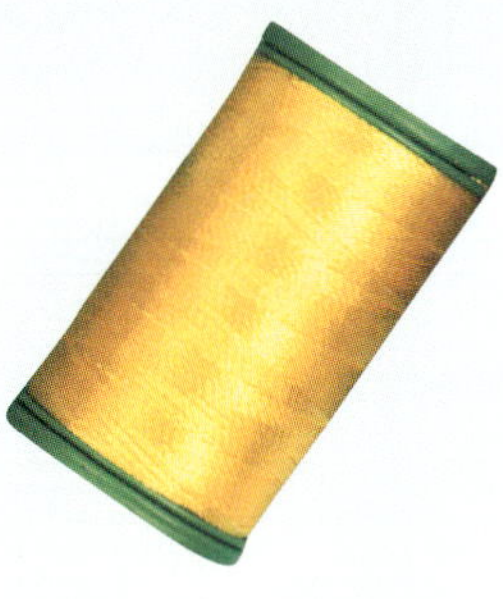

Brokatstoff, Rüschenbesatz und Spitzenborte harmonieren wunderbar

Cremefarbene Brauttasche

Größe
ca. 29 x 16 cm
Vorlage
Nr. 1, S. 56
Schwierigkeitsgrad
★★★

Brokat für die Braut

Ein Traum aus Brokat ist diese Brauttasche in einem edlen Cremeton. Besonders raffiniert wirken der geraffte Besatz an der Taschenöffnung sowie die aufgenähte Spitzenborte.

MATERIAL

- Brokatstoff in Creme, 150 cm breit, 50 cm
- Futtertaft in Creme, 150 cm breit, 50 cm
- Spitzenborte, 80 cm
- Bügeleinlage Vlieseline H630, 70 cm

ZUSCHNITT

2 x langes Taschenseitenteil aus Oberstoff
2 x langes Taschenseitenteil aus Futterstoff
2 x langes Taschenseitenteil aus Vlieseline
2 x kurzes Taschenseitenteil aus Oberstoff
2 x kurzes Taschenseitenteil aus Futterstoff
2 x kurzes Taschenseitenteil aus Vlieseline
1 x Boden aus Oberstoff
1 x Boden aus Futterstoff
1 x Boden aus Vlieseline
4 x Taschenträger aus Oberstoff, 36 x 8 cm
1 x Rüschenbesatz aus Oberstoff, 85 x 10 cm

SO WIRD ES GEMACHT

1. Entsprechend dem Schnitt für Seitenteile und Boden den Brokatstoff mit einer Nahtzugabe von 2,5 cm zuschneiden. Für die Griffe je zwei Streifen aus Brokatstoff in einer Größe von 36 x 8 cm zuschneiden.
2. Die Streifen rechts auf rechts legen, der Länge nach falten und die Längsseite absteppen. Anschließend die Streifen wenden, allerdings nicht bügeln, damit die Griffe später leicht geplustert wirken.
3. Für den Rüschenbesatz einen 85 x 10 cm langen Streifen zuschneiden, der Länge nach falten, die Längsseite knappkantig absteppen und versäubern. Danach den Schlauch wenden und anschließend die Naht mit dem Bügeleisen leicht dämpfen.
4. Die Bügeleinlage mit 2,5 cm Nahtzugabe nach dem Schnitt zuschneiden und mit einem feuchten Tuch oder mit Dampfeinstellung auf die linke Stoffseite bügeln.
5. Die Seiten der Tasche rechts auf rechts aufeinanderlegen, an den Außenrändern zusammenheften und absteppen. Anschließend die Nahtzugabe auf 0,5 cm zurückschneiden und mit Zickzackstich versäubern. Die Tasche auf rechts wenden und danach bei niedriger Temperatur Nähte und Oberstoff bügeln.
6. Je zwei Taschenträger auf die Außenseite der Tasche auflegen, feststecken und dann mit einigen Heftstichen in Position halten.
7. Die Innentasche aus Futterstoff zusammensetzen, dabei am Bodenstück eine ca. 12 cm lange Öffnung lassen. Die Nähte absteppen, die Nahtzugabe auf 0,5 cm zurückschneiden und sorgfältig versäubern. Ober- und Innentasche übereinanderziehen, dabei müssen die rechten Seiten aufeinanderliegen. Beide Taschen entlang der oberen Kante knappkantig zusammenheften und mit der Maschine absteppen. Dabei die Träger mitfassen.
8. Sodann die Heftfäden an den Trägern entfernen. Die Innentasche nach außen ziehen und die offene Naht des Futters nach innen einschlagen. Die verbliebene Öffnung am Bodenstück der Innentasche von Hand schließen. Die Innentasche in die Tasche hineinstecken.
9. Dann knappkantig an der oberen Kante der Außentasche die Öffnung absteppen.
10. Den Rüschenbesatz an der oberen Kante zweimal mit großen Heftstichen mit der Nähmaschine absteppen. Den Besatz durch Ziehen an den überstehenden Heftfäden gleichmäßig raffen, bis eine gleichmäßige Kräuseloptik entsteht und der Rüschenbesatz die gleiche Länge wie die Taschenöffnung hat.
11. Den Rüschenbesatz rechts auf rechts an die Taschenöffnung heften und gegebenenfalls die Kräuselung nochmals gleichmäßig verteilen. Dann den Besatz knappkantig mit der Nähmaschine aufnähen.
12. Die Spitzenborte zuschneiden, anheften und von Hand mit kurzen Stichen an den Brokatstoff nähen.

TIPP

Eine ausführliche Anleitung zur Herstellung dieser Tasche mit Schritt-für-Schritt-Fotos finden Sie auf den Seiten 10 und 11.

Die seitliche Naht wird von einer Schmuckborte mit Röschen überdeckt

Als Zeichen der Liebe

Hier finden die Eheringe den ihnen gebührenden Platz: auf einem Ringkissen in Form eines Herzens, gearbeitet aus roséfarbenem Seidenstoff. Zur Befestigung der Ringe dient ein schmales Satinbändchen.

Ringkissen in Herzform

Größe
ca. 20 x 15 cm
Vorlage
Nr. 2, S. 57
Schwierigkeitsgrad
★

MATERIAL

- Seide in Rosa, 90 cm breit, 25 cm
- Füllwatte
- Schmuckborte mit Röschen, 50 cm lang
- Satinband in Rosa, 6 mm breit, 40 cm lang

ZUSCHNITT

2 x Vorlage Herz aus Seide

SO WIRD ES GEMACHT

1. Entsprechend der Vorlage den Seidenstoff mit 1,5 cm Nahtzugabe zweimal zuschneiden.
2. Die Herzen rechts auf rechts legen, zusammenstecken und bis auf eine seitliche Öffnung von 6 cm zusammennähen. Den Saum auf 8 mm zurückschneiden und das Kissen wenden.
3. Die Nähte mit dem Bügeleisen dämpfen und das Kissen gleichmäßig fest mit Füllwatte stopfen. Die verbliebene Öffnung heften und von Hand zunähen.
4. Das Satinband für die Befestigung der Ringe von Hand mittig mit einigen Stichen annähen. Die Schmuckborte mit Röschen zum Schluss auf die seitliche Naht von Hand aufnähen.

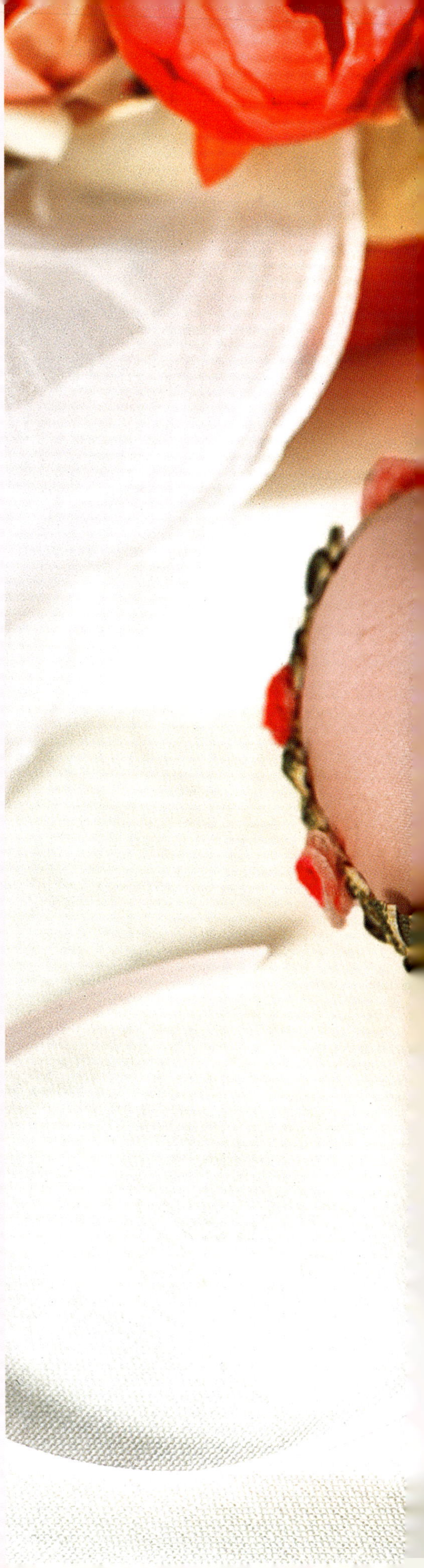

Mit Hilfe einer Stickmaschine lassen sich die Initialen der Brautleute problemlos aufsticken

Ringbeutel mit Initialen

Größe
12 x 8 cm
Schwierigkeitsgrad
★★

Für immer und ewig

Ebenso hübsch wie das Ringkissen ist dieser roséfarbene Ringbeutel, der mit den Initialen der Brautleute versehen wird. Spitzenborte und Strassknöpfe sorgen zusätzlich für eine edle Note.

MATERIAL

- Seide in Rosé, 90 cm breit, 20 cm
- farblich passender Futtertaft, 150 cm breit, 20 cm
- Satinband in Türkis, 4 mm breit, 100 cm lang
- 2 Strassknöpfe in Blümchenform
- Spitzenborte, ca. 2 cm breit, 30 cm lang
- Stickgarn in Weiß
- Stickvlies

ZUSCHNITT

2 x Beutelteil aus Seide, 12 x 8 cm
2 x Beutelteil aus Futtertaft, 12 x 8 cm

SO WIRD ES GEMACHT

1. Den Seidenstoff für das vordere Beutelteil mit Stickvlies verstärken und die Initialen mit der Nähmaschine sticken. Das Stickvlies entfernen und den Stoff von links bügeln. Vorder- und rückseitiges Beutelteil mit einer Nahtzugabe von 1,5 cm sowohl aus Seide als auch aus Futtertaft zuschneiden. Anschließend die Teile des Außenbeutels rechts auf rechts aufeinanderlegen. Die Teile des Innenbeutels links auf links aufeinanderlegen.
2. Die beiden Teile von Außenbeutel und Innenbeutel jeweils zusammennähen, allerdings beim Außenbeutel 2 cm unterhalb der oberen Kante eine 1 cm große Öffnung lassen. Nähte dämpfen. Anschließend den Außenbeutel auf rechts wenden.
3. Nun Außen- und Innenbeutel an der oberen Kante aneinanderheften und knappkantig zusammennähen. Den Innenbeutel in den Außenbeutel ziehen.
4. Für den Tunnelzug 2 cm unterhalb der oberen Saumkante, am oberen Ende der seitlichen Öffnung beginnend, rundum eine Naht setzen. Etwa 1 cm unterhalb dieser Naht, am unteren Ende der seitlichen Öffnung beginnend, parallel zur ersten Naht eine zweite Naht setzen.
5. Das türkisfarbene Satinband hälftig teilen. Ein Bandstück von rechts nach links durch den Tunnelzug ziehen, das zweite Stück gegenläufig entsprechend von links nach rechts. Je zwei Bandenden zusammennehmen und einen Strassknopf in Blütenform aufnähen. Die Spitzenborte am oberen und unteren Rand von Hand annähen.

VARIATION

Wenn Sie die Maße des Beutels vergrößern auf ca. 25 x 20 cm, können Sie auf die gleiche Weise einen hübschen Beutel für die Braut herstellen. Besticken Sie diesen mit dem Namen der Braut oder verzichten Sie auf die Stickerei und verzieren Sie den Brautbeutel lediglich mit einer Spitzenborte.

M & B

Hortensien-, Flieder- und Rosenblüten schmücken die Tüllherzen auf dieser Tischdecke

Tischdecke für Präsenttisch

Größe
150 x 150 cm
Vorlage
Nr. 3, S. 58
Schwierigkeitsgrad
★

Blütenherzen

Es bleibt Ihnen überlassen, wie viele Tüllherzen Sie auf dieser Tischdecke anbringen möchten. Sie können auch die Größe der Herzen variieren. Auf den hinteren Seiten dieses Buches finden Sie Vorlagen für Herzen in unterschiedlichen Größen.

MATERIAL

- Baumwollstoff in Rosa-Weiß gestreift, 150 cm breit, 150 cm
- Petticoat-Tüll in Weiß, 130 cm breit, 100 cm
- Bügeleinlage Bundfix, 4 cm breit, 6 m lang
- Rosenblüten aus Seide
- Hortensienblüten aus Seide
- Fliederblüten aus Seide
- Textilkleber
- Fotokarton
- Schneiderkreide

ZUSCHNITT

1 x Tischdecke aus Baumwollstoff, 150 x 150 cm
14 x Vorlage Herz aus Petticoat-Tüll

SO WIRD ES GEMACHT

1. Den Stoff in einer Größe von 150 x 150 cm oder passend zum gewählten Tisch zuschneiden. Auf allen vier Seiten den Rand über eine Breite von 4 cm mit Bundfix verstärken. Diesen mit dem Bügeleisen auf höchster Stufe aufbügeln. Den Saum nach innen einschlagen, feststecken und absteppen.
2. Anhand der Vorlage „Herz" eine Schablone aus Fotokarton erstellen. Den Tüll auf einer festen Unterlage platzieren, die Schablone auf den Tüll legen und die Kontur mit farbiger Schneiderkreide umfahren. Sodann die Herzen ohne Saumzugabe sauber ausschneiden und nur an den unteren Spitzen auf der Tischdecke feststecken.
3. Die Seidenblumen mit etwas Textilkleber unter das Tüllherz kleben und den Kleber ca. 20 Minuten antrocknen lassen. Die Tüllherzen nun vollständig an die Tischdecke stecken und die äußere Kontur mit unterschiedlichen Zier- und Nutzstichen umnähen.

Zum fliederfarbenen Baumwollstoff passen nicht nur Fliederblüten aus Seide, sondern auch Hortensienblüten

Brauttasche mit Fliederblüten

Größe
ca. 29 x 16 cm
Vorlage
Nr. 1, S. 56
Schwierigkeitsgrad
★★★

Festlich in Flieder

Zart und leicht wirken diese Brauttaschen, deren Träger aus luftigem Organza gearbeitet werden. Die kleinen Flieder- und Hortensienblüten tragen ebenfalls zum zarten Charakter der Taschen bei.

MATERIAL

- Baumwollstoff in Flieder, 150 cm breit, 40 cm
- farblich passender Futtertaft, 150 cm breit, 50 cm
- Organza in Weiß, 90 cm breit, 50 cm
- Bügeleinlage Vlieseline H630, 40 cm
- Flieder- oder Hortensienblüten aus Seide
- Strasssteine, Ø 4 mm
- Textilkleber

ZUSCHNITT

2 x langes Taschenseitenteil aus Oberstoff
2 x langes Taschenseitenteil aus Futterstoff
2 x langes Taschenseitenteil aus Vlieseline
2 x kurzes Taschenseitenteil aus Oberstoff
2 x kurzes Taschenseitenteil aus Futterstoff
2 x kurzes Taschenseitenteil aus Vlieseline
1 x Boden aus Oberstoff
1 x Boden aus Futterstoff
1 x Boden aus Vlieseline
4 x Taschenträger aus Organza, 36 x 8 cm

SO WIRD ES GEMACHT

1. Entsprechend dem Schnitt für Seitenteile und Boden den Baumwollstoff mit einer Nahtzugabe von 2,5 cm zuschneiden. Nach dem gleichen Schnitt auch den Futtertaft zuschneiden. Für die Griffe je zwei Streifen aus Organza in einer Größe von 36 x 8 cm zuschneiden.
2. Die Streifen rechts auf rechts legen, der Länge nach falten und die Längsseite absteppen. Die Streifen wenden, allerdings nicht bügeln, damit die Griffe später leicht geplustert wirken.
3. Die Bügeleinlage mit 2,5 cm Nahtzugabe nach dem Schnitt zuschneiden und auf die linke Seite der Baumwollstoffteile mit Hilfe eines feuchten Tuches aufbügeln. Die Seiten der Tasche rechts auf rechts aufeinanderlegen, an den Außenrändern zusammenheften und absteppen. Anschließend die Nahtzugabe auf 0,5 cm zurückschneiden und mit Zickzackstich versäubern. Die Tasche auf die rechte Seite wenden und bei niedriger Temperatur Nähte und Oberstoff bügeln.
4. Je zwei Taschenträger auf die Außenseite der Tasche auflegen, feststecken und dann mit einigen Heftstichen mit der Nähmaschine in Position halten. Die Innentasche aus Futterstoff zusammensetzen, dabei am Bodenstück eine 10 cm lange Öffnung lassen. Die Nähte versäubern und auseinanderbügeln.
5. Ober- und Innentasche übereinanderziehen, dabei müssen die rechten Seiten aufeinanderliegen. Beide Taschen entlang der oberen Kante knappkantig zusammenheften und mit der Maschine absteppen. Dabei die Träger mitfassen. Sodann die Heftfäden an den Trägern entfernen. Die Innentasche nach außen ziehen und die offene Naht des Futters nach innen einschlagen. Die verbliebene Öffnung von Hand schließen. Die Innentasche in die Tasche hineinstecken. Dann knappkantig an der oberen Kante der Außentasche die Öffnung absteppen.
6. Die Flieder- oder Hortensienblüten mit einer Schere knapp unterhalb der Blüte abschneiden und mit Textilkleber in einem unregelmäßigen, ca. 5 cm breiten Streifen rund um die Taschenöffnung kleben. Den Textilkleber trocknen lassen und anschließend in jede Blüte einen Strassstein kleben.

HINWEIS

Diese Taschen werden ganz ähnlich gearbeitet wie die cremefarbene Brauttasche (siehe Lehrgang Tasche nähen, Seiten 10 und 11).

Die Herzen können aus Stoff, Tüll oder Spitze, mit Diorröschen oder einfach mit Zierstichen gestaltet werden

Herzliches Dankeschön

Diese Give-away-Beutel sind im Handumdrehen fertiggestellt und dennoch sehr dekorativ – ein kleiner Dank an alle, die zum Gelingen des wunderbaren Hochzeitsfestes beigetragen haben!

Give-away-Beutel

Größe
12,5 x 12,5 cm
Vorlage
Nr. 5, S. 59
Schwierigkeitsgrad
★

MATERIAL

- Leinenstoff in Beige, 150 cm breit, 20 cm
- Bügeleinlage Vlieseline H200, 20 cm
- Tüllrest in Weiß
- farblich passendes Maschinenstickgarn
- verschiedene Spitzenborten in Weiß
- etwas Vichykarostoff in Rosa-Weiß
- etwas Baumwollstoff in Weiß
- etwas Brokatstoff in Weiß
- Flieder- und Hortensienblüte aus Seide
- Diorröschen in passenden Farben
- Satinband, 6 mm breit, in verschiedenen Farben
- Textilkleber
- Haftvlies Vliesofix
- Schneiderkreide
- Fotokarton

ZUSCHNITT

1 x Beutel aus Leinen, 12,5 x 12,5 cm je Beutel

SO WIRD ES GEMACHT

1. Den Leinenstoff bügeln und von links mit Vlieseline verstärken. Die Stoffrechtecke mit einer Nahtzugabe von 1,5 cm so oft wie benötigt zuschneiden.
2. Aus der Vorlage „Herz" eine Schablone aus Fotokarton herstellen. Wie in den folgenden Modellanleitungen für die verschiedenen Give-away-Beutel beschrieben, das Herz auf den Stoff übertragen und anschließend unterschiedlich dekorieren.
3. Vorder- und Rückseite des Beutels rechts auf rechts zusammennähen und die Öffnung doppelt säumen. Die Satinbändchen als Griffe mit einigen Stichen von Hand oder mit der Maschine annähen. Den fertigen Beutel mit Leckereien oder kleinen Geschenken füllen.

Give-away-Beutel mit Herz aus Spitze
Verschiedene Spitzenborten parallel untereinander auf ein 15 x 15 cm großes Stück weißen Baumwollstoff aufnähen. Die Herzschablone auf die Rückseite auflegen und mit Schneiderkreide umfahren. Das Herz ausschneiden und mit Zickzackstich auf die Vorderseite des Beutels nähen.

Give-away-Beutel mit Brokatherz
Einen Brokatstoffrest mit Vliesofix verstärken, das Herz übertragen, ausschneiden und mittig auf die Vorderseite des Beutels aufbügeln. Mit einer gekräuselten Spitzenborte umnähen.

Give-away-Beutel mit Zierstichherz
Die Vorlage „Herz" mit farbiger Schneiderkreide mittig auf die Vorderseite des Beutels übertragen und die Kontur mit farbigem Zierstich umsticken.

Give-away-Beutel mit Vichykaroherz
Den Vichykarostoff mit Vliesofix verstärken, das Herz übertragen und ausschneiden. Das Herz mit dem Bügeleisen mittig auf die Vorderseite des Beutels aufbügeln und mit Zickzackstich oder einem beliebigen Zierstich umnähen. Zum Schluss mit einer Seidenblüte dekorieren.

Give-away-Beutel mit Tüllherz
Die Vorlage Herz mit farbiger Schneiderkreide auf den Tüll übertragen und die Kontur ohne Saumzugabe ausschneiden. Das Tüllherz mittig auf die Vorderseite des Beutels stecken, eine Seidenblüte unter das Tüllherz kleben und die Kontur mit einem Zierstich umnähen.

Give-away-Beutel mit Diorröschen
Die Herzschablone mittig auf der Vorderseite des Beutels positionieren, gegebenenfalls mit Hilfe von Stecknadeln feststecken und die Kontur mit Diorröschen bekleben. Die Herzschablone entfernen.

Die darunter liegende Dupionseide bringt den Spitzenbesatz hervorragend zur Geltung

Reis- und Blütentäschchen

Größe
16 x 11 cm
Schwierigkeitsgrad
★★

Das Brautpaar lebe hoch!

Es bringt Glück, das Brautpaar nach der Trauung mit Reiskörnern zu bewerfen. Mit diesen edlen Täschchen können Sie natürlich nicht nur Reiskörner, sondern auch Rosenblätter transportieren!

MATERIAL

- Dupionseide oder Futtertaft in Rosa, 90 cm breit, 20 cm
- Bügeleinlage Vlieseline H200, 20 cm
- Spitzenbesatz in verschiedenen Ausführungen
- Taftband in Weiß mit Drahteinlage, 4 cm breit, 20 cm je Täschchen
- Satinband in Türkis, 6 mm breit, 40 cm je Täschchen

ZUSCHNITT

1 x Täschchen aus Dupionseide oder Futtertaft, 16 x 22 cm je Täschchen
2 x Träger aus Taftband, 20 cm je Täschchen

SO WIRD ES GEMACHT

1. Die Rechtecke für die Taschen mit einer Nahtzugabe von 2 cm zuschneiden. Den Spitzenbesatz entlang der Längsseite und im Abstand von 1 cm zur unteren Kante knappkantig aufnähen. Die Dupionseide von links mit Vlieseline verstärken.
2. Den Stoff rechts auf rechts falten, so dass ein Format von 16 x 11 cm entsteht, und den seitlichen und unteren Saum absteppen. Die Nahtzugabe auf 0,5 cm zurückschneiden und mit Zickzackstich absteppen. Den Saum an der oberen Öffnung doppelt umlegen und knappkantig säumen. Die Ecken zu einem Dreieck aufklappen und quer absteppen. Die Tasche wenden und den Saum bügeln.
3. Für die Griffe aus weißem Taftband mit Drahteinlage je Tasche 20 cm lange Stücke zuschneiden und an den Enden jeweils 3 cm nach innen umschlagen. Den Umschlag mit einem 25 cm langen Stück Satinband zusammenbinden und mit einer Schleife verzieren. Die Griffe mit wenigen Stichen an die Taschen nähen. Die Täschchen mit Reis oder Blütenblättern füllen.

Blickpunkt auf diesen Chairbacks in Herzform sind die mittig positionierten Seidenrosen

Purple Heart

Einfach und doch wirkungsvoll sind diese Herzen in Rosé- und Fliedertönen, welche die Stühle der Brautleute schmücken. An der Stuhllehne befestigt werden sie mit Hilfe von schmalen Satinbändern.

Herzen als Chairback

Größe
35 x 25 cm
Vorlage
Nr. 4, S. 59
Schwierigkeitsgrad
★

MATERIAL

- Baumwoll- oder Schurwollstoff in Rosa oder Flieder, 150 cm breit, 30 cm
- Füllwatte
- Seidenrose
- Satinband in Türkis oder Rosa, 6 mm breit, 50 cm lang
- Fotokarton

ZUSCHNITT

2 x Vorlage „Herz" aus Baumwoll- oder Schurwollstoff

SO WIRD ES GEMACHT

1. Die Vorlage „Herz" auf Fotokarton übertragen und ausschneiden. Die Schablone auf den Stoff auflegen und zweimal zuzüglich 1,5 cm Nahtzugabe ausschneiden.
2. Die beiden Herzen rechts auf rechts zusammenheften und bis auf eine seitliche Öffnung von ca. 12 cm zusammennähen. Die Naht zugabe auf 0,5 cm zurückschneiden, an den Rundungen bis knapp an die Naht einschneiden. Die Naht dämpfen und dann das Herz wenden.
3. Das Herz fest und gleichmäßig mit Füllwatte ausstopfen, so dass es eine möglichst regelmäßige Form erhält. Die verbliebene Öffnung zunächst mit Heftstichen und dann mit einigen Handstichen schließen.
4. Ein 50 cm langes Satinband sowie eine Seidenrose an der oberen Kante mittig von Hand annähen. Das Herz an die Rückenlehne des Stuhls hängen.

TIPP

Sehr schön wirkt es, wenn Sie, wie hier gezeigt, zwei Herzen arbeiten, deren Farbtöne harmonisch aufeinander abgestimmt sind.

VARIATION

Für ein Sitzkissen vergrößern Sie das Herz entsprechend der Größe der Sitzfläche eines Stuhls. Schneiden Sie das Herz zweimal aus Stoff sowie viermal aus extradickem Volumenvlies zu. Das Volumenvlies auf einem Stoffteil feststecken. Die Stoffteile bis auf eine Öffnung zum Wenden rechts auf rechts zusammennähen, wenden und die Öffnung von Hand schließen.

Plauener Spitze und Dupionseide verwandeln die schlichte Spandose in eine edle Box für die Hochzeitspost

Für die Hochzeitspost

Zum Aufbewahren der Hochzeitspost und anderer Erinnerungen an den schönsten Tag dient diese Spandose, die mit blauer und weißer Dupionseide bezogen wird. Die Plauener Spitze auf dem Dosendeckel lässt sich durch weiße Perlen zusätzlich aufwerten.

Spandose mit Stickerei

Größe
43,5 x 34 x 18 cm
Schwierigkeitsgrad
★

MATERIAL

- ovale Spandose, 43,5 x 34 x 18 cm
- Dupionseide in Weiß, 90 cm breit, 50 cm
- Dupionseide in Blau, 90 cm breit, 40 cm
- Plauener Spitze in Oval, 40 x 29 cm
- Spitzenborte in Weiß, 100 cm lang
- 12 ovale Perlen in Weiß
- Stickgarn in Eisblau
- Haftvlies Vliesofix, 100 cm
- Stickvlies
- Textilkleber

ZUSCHNITT

gemäß Schachtelgröße

SO WIRD ES GEMACHT

1. Aus weißer Dupionseide das Stoffteil für das Dosenunterteil zuzüglich 3 cm Nahtzugabe zuschneiden. Mit Vliesofix die Zugabe einer Schmalseite nach links umbügeln. Auf den ganzen Streifen Vliesofix aufbügeln, abkühlen lassen und das Trägerpapier abziehen.
2. Das Stoffteil auf den Rand der Dose bügeln, die umgebügelte Schmalseite liegt dabei oben. Die Stoffzugabe an der Bodenkante alle 2 bis 3 cm bis an die Kante einschneiden und zum Boden umbügeln. Die obere Zugabe ebenfalls einschneiden und nach innen umbügeln.
3. Für den Deckel das Vliesofix mit der Papierrückseite nach oben auf die Rückseite der blauen Seide bügeln. Die Deckelform auf das Papier übertragen und eine Zugabe von 1 cm anzeichnen. Das Oval ausschneiden und die Zugabe im Abstand von 2 bis 3 cm ringsum einschneiden. Das Trägerpapier abziehen und das Stoffteil auf den Deckel bügeln. Die Zugabe zum Deckelrand umbügeln.
4. Für den Deckelrand einen entsprechend großen Stoffstreifen mit 2 cm Zugabe ringsum zuschneiden. Für die Versäuberung der oberen Stoffkante ausreichend 1 cm breite Streifen vom Vliesofix zuschneiden, auf die obere Nahtzugabe aufbügeln, das Papier abziehen und anschließend umbügeln. Ebenso mit der Zugabe an der Schmalseite verfahren. Den Spitzenbesatz knappkantig zum oberen Rand aufnähen. Sodann von links auf den gesamten Streifen Vliesofix aufbügeln, abkühlen lassen und das Trägerpapier abziehen. Den Stoffstreifen mit der sauber umgebügelten Stoff-

kante an den oberen Deckelrand anlegen und mit dem Bügeleisen fixieren. Den überstehenden Stoff mit der Bügeleisenspitze nach innen in den Deckel bügeln.

5. Die Plauener Spitze mit Stickvlies in den Stickrahmen einspannen und mit dem Wort „Hochzeitspost" besticken. Hierfür ein eisblaues Stickgarn verwenden. Anschließend mit dem Bügeleisen glätten und von links Vliesofix aufbügeln. Danach die Spitze mittig auf den Deckel aufbügeln und die Perlen aufkleben.

Viele kleine Diorröschen zieren den Brautjungfernbeutel

Rosenkränzchen

Das Kränzchen aus hellen Diorröschen hebt sich wunderbar von dem dunklen, leicht changierenden Taft des Beutels ab. Hier bringen Brautjungfern alle Utensilien unter, die sie während der Hochzeitsfeierlichkeiten benötigen.

Brautjungfernbeutel

Größe
25 x 20 cm
Schwierigkeitsgrad
★

MATERIAL

- Futtertaft in Braun, 150 cm breit, 30 cm
- Futtertaft in Rosa, 150 cm breit, 30 cm
- Satinkordel in Rosa, 4 cm breit, 35 cm lang
- 2 Quasten in Rosa
- Satinband in Grün, 4 mm breit, 100 cm lang
- ca. 22 Diorröschen
- Sticknadel

ZUSCHNITT

2 x Beutelteil aus braunem Futtertaft, 25 x 20 cm
2 x Beutelteil aus rosa Futtertaft, 25 x 20 cm

SO WIRD ES GEMACHT

1. Vorder- und rückseitiges Beutelteil mit einer Nahtzugabe von mindestens 1,5 cm sowohl aus braunem als auch aus rosafarbenem Futtertaft zuschneiden.
2. Auf die Vorderseite aus braunem Futtertaft einen Kreis aus Diorröschen stecken mit einem Durchmesser von 10 cm. Die Diorröschen von Hand annähen. Mit grünem Satinband v-förmige Blätter um die Rosen sticken.
3. Anschließend die Teile des Außenbeutels rechts auf rechts aufeinanderlegen. Die Teile des Innenbeutels links auf links aufeinanderlegen.
4. Die beiden Teile von Außenbeutel und Innenbeutel jeweils zusammennähen, allerdings beim Außenbeutel 3,5 cm unterhalb der oberen Kante eine 1 cm große Öffnung lassen. Nähte dämpfen. Den Außenbeutel auf rechts wenden.
5. Nun Außen- und Innenbeutel an der oberen Kante aneinanderheften und knappkantig zusammennähen. Den Innenbeutel in den Außenbeutel ziehen.
6. Für den Tunnelzug 3,5 cm unterhalb der oberen Saumkante, am oberen Ende der seitlichen Öffnung beginnend, rundum eine Naht setzen. Danach 1 cm unterhalb dieser Naht, am unteren Ende der seitlichen Öffnung beginnend, parallel zur ersten Naht eine zweite Naht setzen.
7. Die rosafarbene Kordel hälftig teilen. Ein Kordelstück von rechts nach links durch den Tunnelzug ziehen, das zweite Stück gegenläufig entsprechend von links nach rechts. Je zwei Kordelenden zusammennehmen und in eine Quaste einnähen.

VARIATION

Nach einem ähnlichen Prinzip, wie auf Seite 30/31 erklärt, lässt sich auch eine dekorative Ringschachtel mit Rosenkränzchen herstellen. Dazu den Seidentaft mit einem aufbügelbaren dünnen Volumenvlies verstärken. Beide Teile einer Schachtel dünn und gleichmäßig mit Textilkleber bestreichen und mit Stoff beziehen. Die offenen Enden jeweils nach innen umschlagen und doppelt verkleben. Die Überstände im Abstand von 1 cm einschneiden und nach unten auf den Boden bzw. nach innen in den Deckel umkleben. Ein der Größe des Bodens entsprechendes Stück aus dünnem Filz zuschneiden und den Boden damit bekleben. Auf den Deckel mit Hilfe einer Schablone einen Kreis aufzeichnen und die Diorröschen mit Textilkleber auf die Kreislinie kleben.

Besonders prachtvoll wirken Ranunkeln aus Seide, die an der oberen Taschenkante angebracht werden

Brauttasche mit Ranunkeln

Größe
ca. 29 x 16 cm
Vorlage
Nr. 1, S. 56
Schwierigkeitsgrad
★★★

Ein Traum aus Taft

Ob Sie sich für creme- oder roséfarbenen Taft entscheiden, ob Sie für die Taschenträger Organzaband oder Seidentaftband einsetzen – das Ergebnis wird zweifellos überwältigend ausfallen!

MATERIAL

- Seidentaft in Cremeweiß oder Rosé, 90 cm breit, 40 cm
- farblich passender Futtertaft, 150 cm breit, 40 cm
- Bügeleinlage Vlieseline H630, 40 cm
- Ranunkeln aus Seide
- Organzaband in Weiß oder Seidentaftband in Altrosa changierend mit Drahteinlage, 5 cm breit, 1 m lang

ZUSCHNITT

2 x langes Taschenseitenteil aus Oberstoff
2 x langes Taschenseitenteil aus Futterstoff
2 x langes Taschenseitenteil aus Vlieseline
2 x kurzes Taschenseitenteil aus Oberstoff
2 x kurzes Taschenseitenteil aus Futterstoff
2 x kurzes Taschenseitenteil aus Vlieseline
1 x Boden aus Oberstoff
1 x Boden aus Futterstoff
1 x Boden aus Vlieseline
4 x Taschenträger aus Organza- oder Seidentaftband, je 20 cm

SO WIRD ES GEMACHT

1. Entsprechend dem Schnitt für Seitenteile und Boden den Seidentaft mit einer Nahtzugabe von 2,5 cm zuschneiden. Nach dem gleichen Schnitt auch den Futtertaft zuschneiden. Für die Taschenträger je zwei Bänder von 20 cm Länge zuschneiden.
2. Die Bügeleinlage mit 2,5 cm Nahtzugabe nach dem Schnitt zuschneiden und auf die linke Seite der Seidentaftteile mit Hilfe eines feuchten Tuches aufbügeln. Die Seiten der Tasche rechts auf rechts aufeinanderlegen, an den Außenrändern zusammenheften und absteppen. Anschließend die Nahtzugabe auf 0,5 cm zurückschneiden und mit Zickzackstich versäubern. Die Tasche auf die rechte Seite wenden und bei niedriger Temperatur Nähte und Oberstoff bügeln.
3. Die Taschenträger auf die Außenseite der Tasche auflegen, feststecken und dann mit einigen Heftstichen mit der Nähmaschine in Position halten. Die Innentasche aus Futterstoff zusammensetzen, dabei am Bodenstück eine 10 cm lange Öffnung lassen. Die Nähte versäubern und auseinanderbügeln.
4. Ober- und Innentasche übereinanderziehen, dabei müssen die rechten Seiten aufeinanderliegen. Beide Taschen entlang der oberen Kante knappkantig zusammenheften und mit der Maschine absteppen. Dabei die Träger mitfassen. Sodann die Heftfäden an den Trägern entfernen. Die Innentasche nach außen ziehen und die offene Naht des Futters nach innen einschlagen. Die verbliebene Öffnung von Hand schließen. Die Innentasche in die Tasche hineinstecken. Dann knappkantig an der oberen Kante der Außentasche die Öffnung absteppen.
5. Die Seidenblumen mit einer Schere knapp unterhalb der Blüte abschneiden und von Hand mit einigen Stichen in einem ca. 5 cm breiten Streifen rund um die Taschenöffnung nähen.

HINWEIS

Diese Taschen werden ganz ähnlich gearbeitet wie die cremefarbene Brauttasche (siehe Lehrgang Tasche nähen, Seiten 10 und 11).

Eine Perlenborte schmückt die obere Kante des türkisfarbenen Faltensegments

Tischläufer mit „Faltenrock"

Größe
Größe des Faltensegments: 40 x 135 cm
Schwierigkeitsgrad
★★

Elegantes Tisch-Gewand

Der Tischläufer hat sich fein gemacht und seinen Faltenrock angezogen. Nicht nur das Faltensegment wirkt ausgesprochen dekorativ, auch die Perlenbordüre unterstreicht den festlichen Charakter.

MATERIAL

- Leinenstoff in Weiß, 150 cm breit, ca. 220 cm (je nach Tischlänge)
- Leinenstoff in Türkis, 150 cm breit, 50 cm
- Bundfix, 2,5 cm breit, 6 m lang
- Perlenbordüre, 120 cm lang

ZUSCHNITT

1 x Tischläufer aus Leinenstoff in Weiß, 45 x ca. 220 cm (Tischlänge vermessen!)
1 x Falten aus Leinenstoff in Türkis, 40 x 135 cm

SO WIRD ES GEMACHT

1. Für den Tischläufer aus weißem Leinenstoff ein 45 cm breites und ausreichend langes Stoffteil zuzüglich 5 cm seitliche Saumzugabe zuschneiden. Auf die Längsseiten Bundfix aufbügeln, den Saum doppelt umschlagen und anschließend ca. 1 cm vom Rand absteppen.
2. Für das türkisfarbene Faltensegment ein 40 x 135 cm großes Stoffteil zuzüglich 2 cm Nahtzugabe zuschneiden. Fällt der verwendete Leinenstoff sehr leicht aus, ist es empfehlenswert, diesen von links mit einer leichten Vlieseline (z.B. Vlieseline H180) zu verstärken.
3. Den türkisfarbenen Stoff an beiden Schmalseiten und der unteren Längsseite versäumen. Den Stoff mit der rechten Seite nach oben auf einer festen Bügelunterlage platzieren. Anschließend den Stoff in einseitige Falten legen. Die Falten von links nach rechts mit einer Faltentiefe (Abstand vom Faltenbruch zur Faltenanstoßlinie) von 4 cm legen, dabei bei der ersten Falte an der linken Seite einen Überstand von 2,5 cm stehen lassen. Die Falten feststecken und unter einem Tuch einbügeln. So verfahren, bis alle Falten eingebügelt sind. Sodann die obere Faltenlinie mit der Nähmaschine knappkantig absteppen.
4. Den weißen Tischläufer und das Faltensegment rechts auf rechts zusammennähen. Die Perlenborte mit einem mittelgroßen Zickzackstich auf die obere Kante des Faltensegments nähen. Auf der gegenüberliegenden Seite des Tischläufers ebenso verfahren.

TIPP

Soll der „Faltenrock" nicht so markant hervortreten, sondern erst auf den zweiten Blick ins Auge fallen, gestalten Sie ihn statt aus türkisfarbenem Leinen wie den Tischläufer in Weiß.

Goldlettern auf weißer Seide – so muss der Einband eines Hochzeitsalbums aussehen

Hochzeitsalbum

Größe
gemäß Albumgröße
Vorlage
Nr. 2, S. 57
Schwierigkeitsgrad
★

Der schönste Tag in Bildern

Ein schön gestaltetes Hochzeitsalbum ist eine tolle Geschenkidee für die beiden Frischvermählten. Dupionseide und fünfundfünfzig kleine Diorröschchen machen aus einem einfachen Album ein echtes Schmuckstück.

MATERIAL

- Hochzeitsalbum
- Dupionseide in Champagner, 90 cm breit, ca. 40 cm
- Dupionseide in Weiß, 90 cm breit, ca. 20 cm
- Haftvlies Vliesofix, 20 cm
- Bügeleinlage Volumenvlies H640, 40 cm
- ca. 55 Diorröschen
- Stickgarn in Gold
- 2 Pappen
- Buchbinderleim
- Textilkleber
- Schneiderkreide

ZUSCHNITT

1 x Buchhülle aus Dupionseide in Champagner
= Buchumfang + 2 cm + 6 cm Einschlagbreite
x Buchhöhe + 2 cm

SO WIRD ES GEMACHT

1. Zunächst den Umfang der Buchhülle berechnen. Dazu das Album von der vorderen Kante über den Rücken bis zur hinteren Kante vermessen. Zum Buchumfang 6 cm Einschlagbreite hinzurechnen. Eine Zugabe von 2 cm verhindert, dass sich der Einband beim Schließen des Buches spannt.
2. Die Außenteile des Albums mit Volumenvlies bekleben. Die Vorlage mit Schneiderkreide auf die weiße Seide übertragen. Die Initialen des Hochzeitspaares mit der Stickmaschine und goldenem Stickgarn mittig in das Herz sticken. Die Stickerei von links mit Vliesofix verstärken und die Herzform ausschneiden.
3. Das weiße Seidenherz auf die Vorderseite der Buchhülle aus champagnerfarbener Dupionseide aufbügeln und knappkantig absteppen. Den Oberstoff sodann über Vorder- und Rückseite des Albums legen und mit Buchleim auf der Innenseite des Albums festkleben. Für die Innenseite zwei Pappen, die etwas kleiner als der Buchdeckel sein sollen, mit weißer Seide beziehen. Dazu beim Zuschnitt eine Nahtzugabe von 2 cm berücksichtigen. Die stoffbezogenen Pappen auf die Innenseiten kleben.
4. Die Herzapplikation dann sorgfältig mit den kleinen Diorrosen umkleben.

TIPP

Sehr apart wirkt auch die Kombination von weißer Dupionseide und roséfarbenen Dior-röschen.

Hinreißend schöne Serviettenringe entstehen aus Leinenstoff in Kombination mit einer Zierborte

Borten und Bordüren

Der schlichte Leinenstoff und die hellen Zier- und Perlenborten dieser Serviettenringe sind nicht dominant und passen zu jedem Geschirr. Übrigens auch eine schnelle Geschenkidee!

Serviettenringe

Größe
15 cm Umfang, 5 cm hoch
Schwierigkeitsgrad
★

MATERIAL

- Leinenstoff in Beige, 150 cm breit, 40 cm
- Bügeleinlage Vlieseline H200, 40 cm
- verschiedene Zier- und Perlenborten
- Textilkleber

ZUSCHNITT

1 x Serviettenring aus Leinen, 10 x 15 cm je Serviettenring
1 x Serviettenring aus Vlieseline, 10 x 15 cm je Serviettenring

SO WIRD ES GEMACHT

1. Für die Serviettenringe ausreichend viele Rechtecke in einer Größe von 10 x 15 cm aus Leinen zuschneiden. Die Stoffteile von links mit Vlieseline verstärken. Die Teile längsseitig rechts auf rechts zusammenheften und knappkantig absteppen. Die Naht mit dem Bügeleisen glätten und danach den Tunnel auf rechts wenden.
2. Das eine Ende des Serviettenringes in das andere stecken, dabei das außen liegende Ende nach innen umlegen. Die Naht von Hand zusammennähen.
3. Von den Zier- und Perlenborten entsprechend große Stücke abschneiden und diese entweder mit Textilkleber oder wie bei Perlenborten mit einigen Stichen von Hand annähen.

White Wedding

Alle, die ein ganz persönliches Geschenk für das Brautpaar selbst herstellen möchten, werden hier fündig. Die unterschiedlich großen Satinbandrosen bilden den richtigen Rahmen für das Hochzeitsfoto.

Mit Hilfe des „Rosenwunders" werden aus Bändern zahlreiche Rosen in unterschiedlichen Größen gearbeitet

Bilderrahmen

Größe
29 x 33,5 cm
Schwierigkeitsgrad
★

MATERIAL

- Holzbilderrahmen, hier 29 x 33,5 cm
- Seide in Weiß, 90 cm breit, 40 cm
- Volumenvlies 280, 40 cm
- Taftband in Weiß mit Drahteinlage, 4 cm breit, ca. 38 m
- Organzaband in Gold, 1,5 cm breit, 100 cm lang
- Rosenwunder
- Wickeldraht
- Zange
- Tacker
- Heißkleber

SO WIRD ES GEMACHT

1. Den Bilderrahmen mit der Vorderseite auf das Volumenvlies legen und dieses mit einer Zugabe von 5 cm an allen Seiten zuschneiden. Dann den Holzbilderrahmen mit Volumenvlies einschlagen und das Vlies auf der Rückseite mit einem Tacker fixieren.

2. Den Bildausschnitt im 45°-Winkel zu allen vier Ecken mit einer Schere einschneiden und den Überstand auf der Bilderrahmenrückseite mit dem Tacker fixieren.

3. Den Seidenstoff mit einer Zugabe von 6 cm zuschneiden und dann mittig auf den Bilderrahmen legen. Den Seidenstoff gleichmäßig und nicht zu straff auf die Rückseite umschlagen, dabei 1 cm nach innen umschlagen, so dass der Stoff nach dem Festtackern nicht mehr ausfranst. Ringsum mit dem Tacker auf der Rückseite des Rahmens befestigen. Den Bildausschnitt wiederum im 45°-Winkel zu allen Ecken einschneiden. Den Stoff zur Rückseite umschlagen und wie zuvor an den Außenseiten fixieren.

4. Sodann aus den Bändern mit Hilfe des „Rosenwunders" unterschiedlich große Rosen herstellen. Dazu ausreichend viele Bänder mit einer Länge zwischen 60 cm und 150 cm zuschneiden. Das Band in den Schlitz des Dübels stecken und einen Überstand von ca. 5 bis 7 cm links vom Dübel hängen lassen. Anschließend das lange Ende des Bandes ein paarmal um den Dübel drehen, um so das Zentrum der Rose zu formen. Das Rad mit der linken Hand langsam drehen und mit der rechten Hand das Band im rechten Winkel nach außen falten. Wenn eine Falte ausläuft, eine weitere in das Band falten. So verfahren, bis noch 5 cm Band übrig sind. Dann das Ende des Bandes nach unten zum Anfang ziehen und die Rose vorsichtig vom Dübel nehmen. Den „Stiel" der Rose mit Wickeldraht fixieren und den Überstand mit einer Zange abknipsen.

5. Auf diese Weise ausreichend viele Rosen für den Bilderrahmen herstellen. Den Rahmen anschließend mit kleinen und großen Rosenknospen gleichmäßig bekleben.

6. Ein ca. 1 m langes Stück Organzaband in Gold um den Bilderrahmen legen und oben zu einer Schleife binden.

VARIATION

Eine Spandose für die Hochzeitspost können Sie mit cremefarbener Seide beziehen und anschließend den Deckel mit vielen Satinbandrosen in unterschiedlichen Größen dekorieren.

Die obere Kante der Bestecktasche wird mit einer Zier- oder Perlenborte dekoriert

Hochzeitsmenü

So schlagen Sie zwei Fliegen mit einer Klappe: Die festlich eleganten Bestecktaschen dienen gleichzeitig als Menükarten. Ein fünfteiliges Besteck findet in ihnen Platz.

Bestecktaschen

Größe
29 x 18 cm
Schwierigkeitsgrad
★

MATERIAL

- Leinenstoff in Weiß, 150 cm breit, 80 cm
- verschiedene Zier- und Perlenborten
- Bügeleinlage Vlieseline H200
- Transferfolie

ZUSCHNITT

1 x Bestecktasche aus Leinen, 78 x 18 cm je Bestecktasche
1 x Bestecktasche aus Vlieseline, 78 x 18 cm je Bestecktasche

SO WIRD ES GEMACHT

1. Je Bestecktasche ein Stoffteil von 78 x 18 cm Größe zuzüglich 1,5 cm Nahtzugabe zuschneiden. Das Stoffteil von links mit Vlieseline verstärken. Das Rechteck längsseitig auf 29 cm links auf links umschlagen. Die Nahtzugabe nach innen legen und knappkantig entlang der Schmalseite absteppen.
2. Dann das restliche Stoffteil für die Vorderseite der Bestecktasche auf die Rückseite umschlagen, die Nahtzugabe an der oberen Kante umnähen und die Zier- bzw. Perlenborten mit der Maschine aufnähen.
3. Die Menüfolge in der gewünschten Schrift auf dem Computer schreiben. Die Transferfolie in den Drucker einlegen. Die Menüfolge spiegelverkehrt auf die weiße Seite der Transferfolie drucken. Die Tinte auf der Transferfolie einige Minuten trocknen lassen. Dann das Druckbild mit einem Rand von 3 mm sorgfältig ausschneiden.
4. Für das Aufbügeln der Menüfolge einen festen und stabilen Untergrund wählen; das Bügelbrett ist für die Übertragung zu weich. Die bedruckte Folie mit der Menüfolge nach unten auf die Bestecktaschen legen und mit dem Bügeleisen in der höchsten Einstellung ca. 20 Minuten mit starkem Druck aufbügeln. Die Folie ca. eine Minute abkühlen lassen und dann das Trägermaterial vorsichtig abziehen.

Hochzeitsmenü
Feine Wachtelterrine mit grünem Spargel
Badische Hochzeitssuppe
Roulade vom Rheinzander und Lachs
an schaumiger Champagnersauce
Gefüllte Maispoularden an Trüffelsauce
und frisches Marktgemüse
Großes Dessert –Eisbüffet
mit frischen Früchten und Fruchtsauce
Käseauswahl
mit Weißbrot und Butter

Schöner als jede Tischkarte – ein gesticktes Herz mit Namen

Tischläufer mit Namen

Größe
ca. 150 x 45 cm
Vorlage
Nr. 2, S. 57
Schwierigkeitsgrad
★★

Ganz persönlich

Die Tischläufer sorgen dafür, dass jeder Gast seinen Platz an der Hochzeitstafel ganz schnell findet. Das Herz wird mit der Maschine gestickt, der Name mit Hilfe von Transferfolie aufgebügelt.

MATERIAL

- Baumwollstoff in Rosa-Weiß gestreift, 150 cm breit, 60 cm
- Bügeleinlage Bundfix, 2,5 cm breit, 4 m lang
- Stickgarn in Pink
- Fotokarton
- Transferfolie

ZUSCHNITT

1 x Tischläufer aus Baumwollstoff, 150 x 45 cm je Tischläufer

SO WIRD ES GEMACHT

1. Den Tischläufer mit einer Nahtzugabe von 3 cm seitlich sowie 5 cm an den Schmalseiten zuschneiden. Von links an allen seitlichen Rändern Bundfix aufbügeln. Die längsseitige Nahtzugabe doppelt umschlagen und ca. 1 cm vom Rand entfernt absteppen. An den Schmalseiten ebenso verfahren.
2. Die Vorlage „Herz" auf ein Stück Fotokarton übertragen und die Kontur mit Schneiderkreide auf das untere Segment des Tischläufers zeichnen. Diese Kontur anschließend mit einem Zierstich nach Wahl umsticken. Die Stickerei von links mit einem feuchten Tuch dämpfen.
3. Anschließend den Namen des jeweiligen Gastes in der gewünschten Typografie auf dem Computer schreiben. Die Transferfolie in den Drucker einlegen. Den Namen spiegelverkehrt auf die weiße Seite der Transferfolie drucken. Die Tinte der Transferfolie einige Minuten trocknen lassen. Dann das Druckbild mit einem Rand von 3 mm ausschneiden.
4. Für das Aufbügeln des Namens einen festen und stabilen Untergrund wählen; das Bügelbrett ist für die Übertragung zu weich. Die bedruckte Folie mit dem Namen mittig in das gestickte Herz legen und mit dem Bügeleisen in der höchsten Einstellung ca. 20 Minuten mit starkem Druck aufbügeln. Die Folie ca. eine Minute abkühlen lassen und dann das Trägermaterial vorsichtig abziehen.

VARIATION

Verwenden Sie fertige Tischsets oder Servietten aus Stoff, übertragen Sie die jeweiligen Namen mit Hilfe von Transferfolie in die rechte untere Ecke von Tischset oder Serviette. Falls gewünscht, können die Namen mit Zierstichen in Herzform umstickt werden.

Christine

Herzen aus Gardinenstoff veredeln eine einfache Leinentischdecke

Tischdecke

Größe
gemäß Tischgröße
Vorlage
Nr. 2, 3, 5, S. 57, 58, 59
Schwierigkeitsgrad
★★

Herzen am laufenden Band

Eine Tischdecke aus Leinen sieht immer toll aus, für die Hochzeitsfeier darf's aber noch ein bisschen eleganter sein: Mit Satinbändern geschmückte Herzen in drei verschiedenen Größen sorgen für den festlichen Touch.

MATERIAL

- große Leinentischdecke
- verschiedene Gardinenstoffe (Bistro-Gardinen)
- Haftvlies Vliesofix
- Satinbänder in verschiedenen Farben, 6 mm breit, 25–30 cm lang
- Stickgarn in Weiß
- Fotokarton

SO WIRD ES GEMACHT

1. Die Tischdecke waschen und bügeln, so dass der Stoff frei von Appretur ist. Die Herzvorlagen auf Fotokarton übertragen und Schablonen zuschneiden. Sodann die verschiedenen Gardinenstoffe einseitig mit Vliesofix verstärken.
2. Die Vorlagen in unterschiedlichen Größen so oft wie benötigt auf das Trägerpapier des Haftvlieses übertragen und die Konturen mit einer Schere sauber ausschneiden. Das Trägerpapier ablösen und die Herzen in beliebiger Reihenfolge auf die Seiten der Tischdecke auflegen.
3. Zwischen Bügeleisen und Herzen zum Aufbügeln ein Stück Backfolie legen. Die Herzen aufbügeln und anschließend mit der Stickmaschine mit Zierstichen umsticken. Auf die Herzen kleine Schleifen aus Satinband mit wenigen Stichen von Hand annähen.

Die Menükarte immer im Blick – auf den Schürzen der Servierkräfte

Schürze

Größe
67 x 87 cm
Schwierigkeitsgrad
★★

A la carte

Noch eine ausgefallene Idee für die Präsentation der Menüfolge: eine knöchellange Schürze aus rosa-weiß gestreiftem Baumwollstoff, auf die das Menü nicht aufgedruckt, sondern mit der Stickmaschine aufgestickt wird.

MATERIAL

- Baumwollstoff in Rosa-Weiß gestreift, 150 cm breit, 200 cm
- Bügeleinlage Vlieseline H200, 200 cm
- Stickvlies
- Spitze in Weiß, 70 cm lang
- Stickgarn in Rot

ZUSCHNITT

1 x Vorderteil aus Baumwollstoff, 67 x 87 cm
1 x Vorderteil aus Vlieseline, 67 x 87 cm
1 x Binder aus Baumwollstoff, 8 x 178 cm
1 x Binder aus Vlieseline, 8 x 178 cm

SO WIRD ES GEMACHT

1. Das Vorderteil zuzüglich 4 cm Nahtzugabe an allen Seiten zuschneiden und im Bereich der Stickerei mit Stickvlies verstärken. Die Schürze in den Stickrahmen der Stickmaschine spannen und die Menüfolge aufsticken. Nach dem Stickvorgang das Stickvlies entfernen und den Stoff mit dem Bügeleisen dämpfen.
2. Den Binder zuzüglich 1,5 cm Nahtzugabe zuschneiden. Beide Stoffteile von links mit Vlieseline verstärken.
3. Den langen Stoffstreifen für den Binder längskantig zur Mitte umschlagen, dabei an einer Längsseite 1 cm nach innen umschlagen, so dass die andere Stoffkante überdeckt ist. Den Binder bügeln und abstecken. Den Saum knappkantig absteppen, die Enden nach innen umschlagen, bügeln und ebenfalls absteppen.
4. Das Vorderteil säumen und entlang der oberen Kante den Spitzenbesatz feststecken. An den Enden den Spitzenbesatz jeweils 3 mm nach innen umschlagen und feststecken. Dann den Binder knappkantig (5 mm) über die obere Kante der Spitze legen, feststecken und zum Schluss alles steppen.

VARIATION

Alternativ kann man die Menüfolge auch glanzvoll in einem alten Goldrahmen in Szene setzen. Dazu für einen beliebigen Holzrahmen die passende Rückwand aus ca. 10 mm starkem Sperrholz im Baumarkt zusägen lassen und diese zweimal mit Volumenvlies bespannen. Den Überstand auf der Rückseite mit einem Tacker befestigen. Die Menüfolge auf einen hellen Leinenstoff sticken und diesen dann über die Rückwand spannen. Den Leinenstoff auf der Rückseite festtackern. Die Rückwand im Rahmen befestigen und den Rahmen an langen Seiden- oder Satinbändern im Speiseraum aufhängen.

Hochzeitsmenü
Feine Wachtelterrine
mit grünem Spargel
***
Badische
Hochzeitssuppe
***
Roulade vom
Rheinzander und
Lachs an schaumiger
Champagnersauce
***
Gefüllte
Maispoularden an
Trüffelsauce
dazu marktfrisches
Gemüse
***
Mousse au chocolat
blanc
auf einem Spiegel
von feinem
Himbeermark an
frischen Erdbeeren
***
Käseauswahl mit
Weissbrot und Butter

Genau das Richtige für Frischvermählte: das Jawort auf dem Zierkissen

Zierkissen

Größe
30 x 70 cm
Schwierigkeitsgrad
★★★

Wie man sich bettet …

Besonders süße Träume haben Braut und Bräutigam, wenn sie ihre Häupter auf dieses Zierkissen aus Leinen betten. Versuchen Sie, das Kissen vor der Hochzeitsnacht ins Schlafzimmer zu schmuggeln. Das Brautpaar wird Augen machen!

MATERIAL

- Leinenstoff in Beige, 150 cm breit, 80 cm
- Bügeleinlage Vlieseline H200, 80 cm
- dicke Paspelschnur, ca. 220 cm lang
- Füllkissen, 30 x 70 cm
- 3 beziehbare Knöpfe
- Stickgarn in Weiß

ZUSCHNITT

1 x Vorderteil aus Leinen, 30 x 70 cm
1 x Rückteil 1 aus Leinen, 30 x 70 cm
1 x Rückteil 2 aus Leinen, 30 x 20 cm
2 x Vlieseline, 6 x 30 cm

SO WIRD ES GEMACHT

1. Alle Stoffteile mit einer Nahtzugabe von 1,5 cm zuschneiden. Anschließend auf die Vorderseite mit einer Stickmaschine die Worte „Ja … ich will" mit weißem Stickgarn sticken oder den Stickservice eines Stickstudios nutzen und die Worte sticken lassen.

2. Dann aus dem Oberstoff Schrägstreifen zuschneiden. Dazu den Stoff so falten, dass die Webkante genau parallel zur Schussrichtung liegt. Die untere linke Ecke umbügeln; der so entstandene Bruch markiert die Schräge. Die Ecke abschneiden und parallel zu dieser Schrägkante mit Schneiderkreide dreimal 4 cm breite Streifen markieren.

3. Die Schrägstreifen mit 6 mm Nahtzugabe zusammennähen und anschließend die Nähte auseinanderbügeln. Den Schrägstreifen mit der rechten Seite nach unten über die Schnur falten. Mit Nadeln abstecken und mit dem Reißverschluss-Spezialfuß eng an der Schnur zusammennähen, um auf diese Weise eine Paspel zu erhalten.

4. Sodann die Paspel schnittkantengleich auf die rechte Seite der Kissenvorderseite legen und abstecken. Die Paspel mit dem Reißverschluss-Spezialfuß über der Naht annähen. An den Ecken den Paspelstoff von der Spitze aus bis zur Naht aufschneiden.

5. An einer Kante eines Rückteils einen schmalen Saum umbügeln, diese Kante 6 cm breit nach innen einschlagen, bügeln und dann wieder aufklappen. Entlang der Innenseite des zweiten Falzes einen Streifen Bügeleinlage aufbügeln. Den Umschlag erneut einfalten, so dass die Einlage vollständig verdeckt wird.

Eine Längskante des zweiten Rückteils auf die gleiche Weise verstärken.

6. Die Positionen für die Knöpfe markieren und die Knopflöcher nähen. Die Rückteile rechts auf rechts mit aneinander angrenzenden Schnittkanten über das gepaspelte Vorderteil legen und feststecken. Mit dem Reißverschluss-Spezialfuß knapp an der Paspel entlang alle Kanten steppen.

7. Nun die Knöpfe mit beigefarbenem Stoff beziehen, dabei nach den Anweisungen des Herstellers vorgehen. Die Positionen der Knöpfe auf dem Rückenstreifen anzeichnen und diese annähen.

Fürs Blumenkind

Satinbandrosen eignen sich nicht nur, um Bilderrahmen zu schmücken. Auch einfache Haarreifen kleiner Brautjungfern können damit wirkungsvoll aufgepeppt werden. Wählen Sie die Farbe des Satinbandes passend zum Kleidchen.

Einfach und von verblüffender Wirkung: Rosen aus Satinband

Haarreif mit Blüten

Größe
gemäß Haarreif
Schwierigkeitsgrad
★★

MATERIAL

- breiter Haarreif
- Satinband in Cremeweiß, 2 cm breit, 300 cm lang
- doppelseitiges Klebeband

SO WIRD ES GEMACHT

1. Den Haarreif rundum mit doppelseitigem Klebeband umkleben, dann die zweite Schutzfolie des Klebebandes abziehen. Das breite Satinband fest und gleichmäßig um den Haarreif wickeln.
2. Für die Blüten jeweils 15 x 0,6 cm lange Stücke der Länge nach doppelt legen. An einer Ecke beginnen und zunächst den Blütenkern aufwickeln. Das Band immer wieder leicht nach außen drehen und die Blüte weiter aufwickeln. Durch das Verdrehen des Bandes entsteht der Blütenblatt-Effekt.
3. Den Blütenkern jeweils am unteren Blütenende mit einigen Stichen von Hand fixieren und nach jeder weiteren Wicklung die Blütenblätter wiederum mit Handstichen zusammenhalten. Den Satinbandstreifen immer wieder verdrehen und um den Blütenkern legen. So bis zum Bandende fortfahren. Den Faden auf der Unterseite der Blüte mit einigen Stichen vernähen und die fertigen Blüten in gleichmäßigem Abstand mit Textilkleber auf den Haarreif kleben.

VORLAGEN

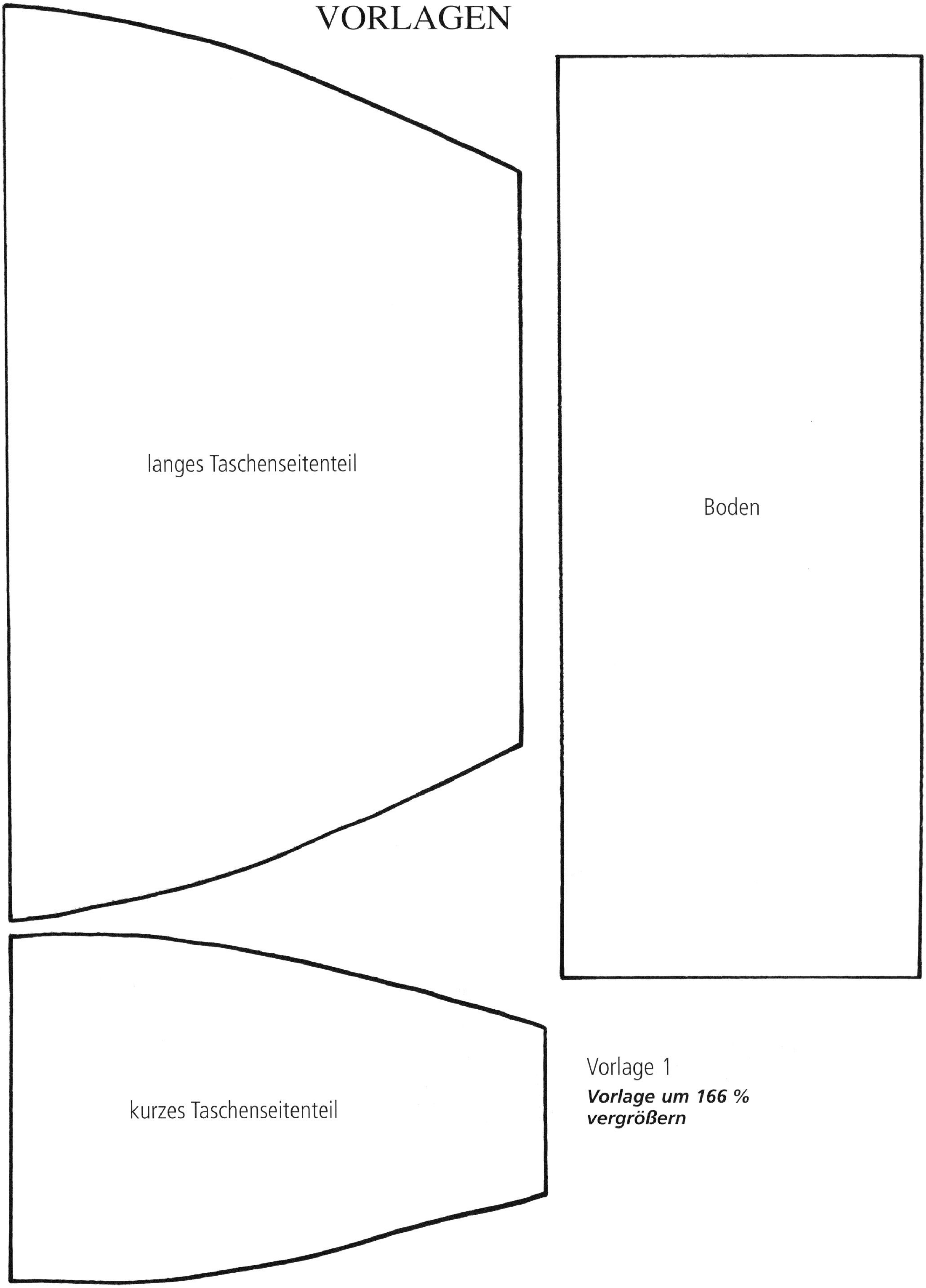

Vorlage 1

Vorlage um 166 % vergrößern

Vorlage 2

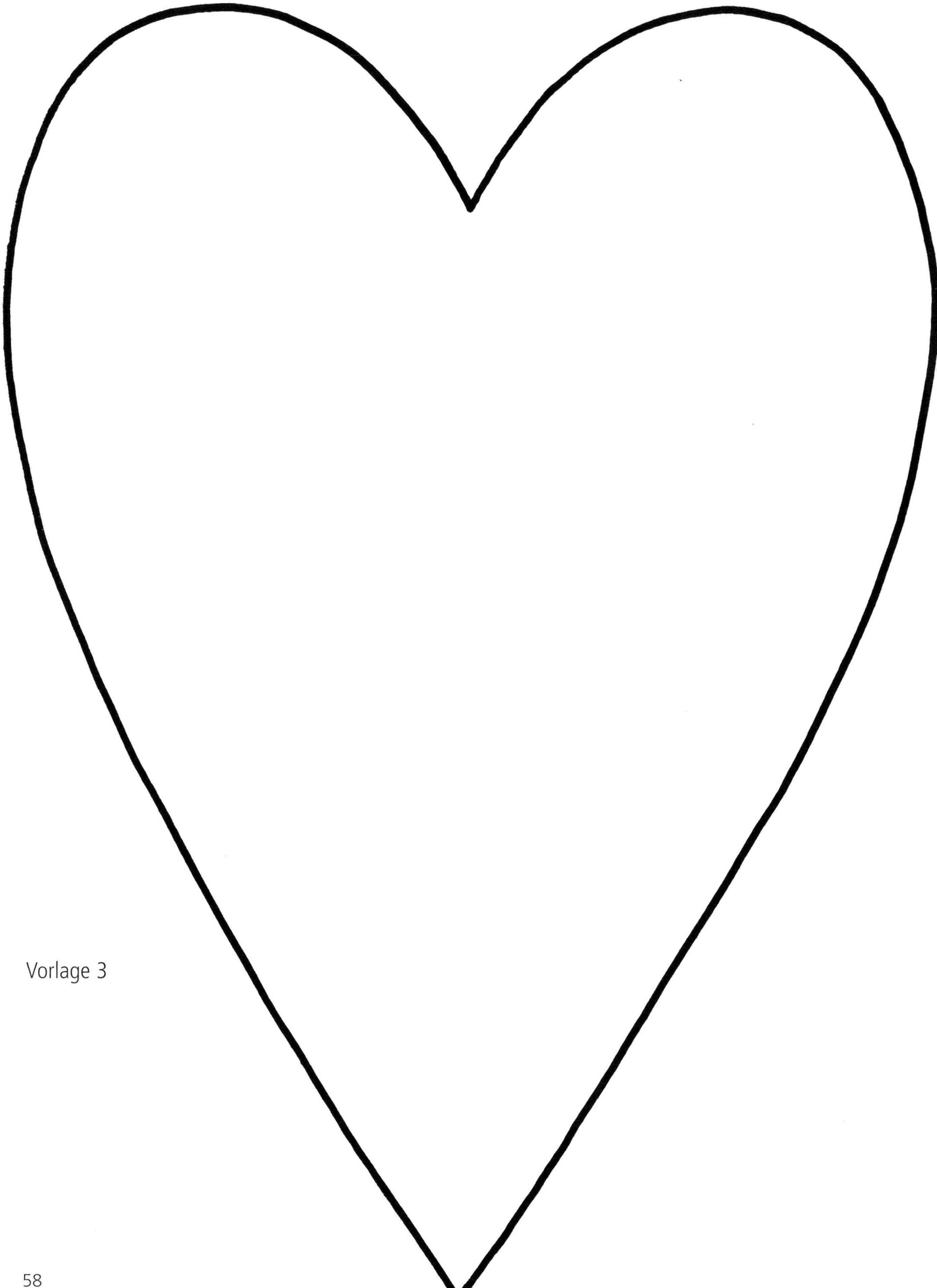

Vorlage 3

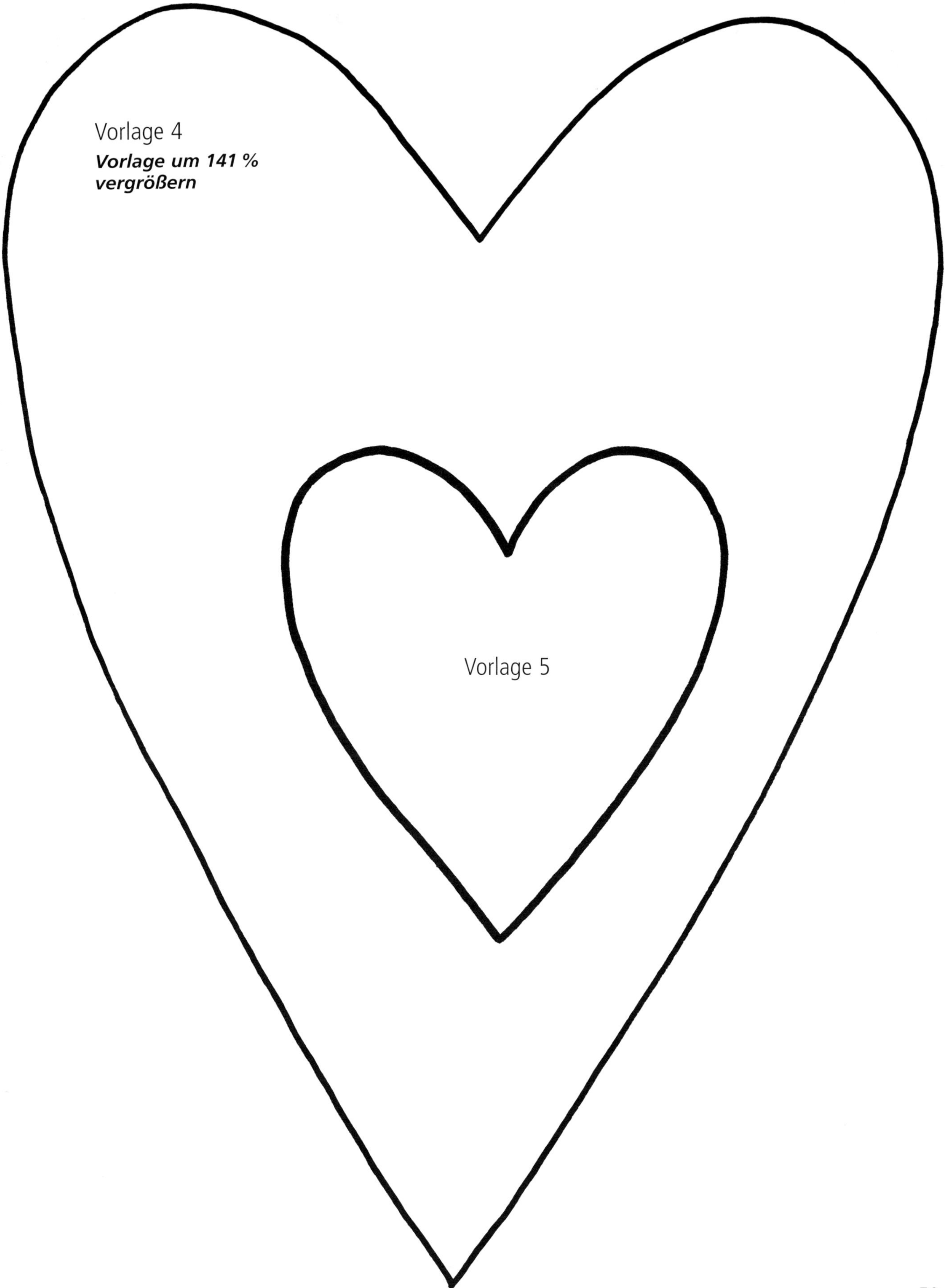
Vorlage 4
Vorlage um 141 % vergrößern
Vorlage 5

OZ creativ

Gestalte Deine Welt.

Klassische und moderne Kerzenformen, edel verziert.
Wunderschöne neue Ideen für festliche Hochzeitskerzen, liebevoll selbst gestaltet. Dazu passende Karten finden Sie in dem Creativ-Taschenbuch „Festliche Hochzeitskarten"

€ 5,95 / sFr 11,- / € (A) 6,10

DIN A5, 32 Seiten, Softcover, Vorlagenbogen

ISBN 978-3-89858-823-2

Neue Ideen für edle Hochzeitskarten
aus feinem Papier und Tonkarton liebevoll selbst gestaltet. Alles ergänzt sich perfekt! Passende Einladungs-, Tisch- und Menükarten für einen unvergesslichen Tag

€ 5,95 / sFr 11,- / € (A) 6,10

DIN A5, 32 Seiten, Softcover, Vorlagenbogen,

ISBN 978-3-89858-858-4

Weitere Informationen zu unseren Handarbeitsbüchern erhalten Sie in Ihrer Buchhandlung oder in Ihrem Bastel- und Handarbeitsfachgeschäft

OZ creativ

Gestalte Deine Welt.

Schein muss man haben!
Witzige neue Ideen für Geldgeschenke zur Hochzeit. Ob als Herz, Glücksschweinchen oder Himmelsleiter, diese selbst gebastelten Ideen sind der Renner. Grundkurse und einfache Anleitungen zeigen Schritt für Schritt wie es geht.

€ 5,95 / sFr 11,- / € (A) 6,10

DIN A5, 32 Seiten, Softcover, Vorlagenbogen,

ISBN 978-3-89858-374-9

Geldgeschenke für den „Schönsten Tag" im Leben.
Geldscheine kreativ gewickelt gefaltet, gerollt, gesteckt und fantasievoll arrangiert. Schnell und einfach nachgebastelt mit leicht verständlichen Anleitungen und Vorlagen in Originalgröße.

€ 6,95 / sFr 12,90 / € (A) 7,10

DIN A5, 32 Seiten, Softcover, Vorlagenbogen,

ISBN 978-3-89858-998-7

Impressum

Entwürfe, Realisation und Styling:
Susanne Helmold
Lektorat und Fachkorrektur:
360°/Eva Hauck, Berlin
Redaktion:
Anke Sturm
Fotos:
Markus Hertrich, Hamburg
Umschlaggestaltung:
Thorsten Weßel
Reproduktion:
Baun PrePress, Fellbach
Druck und Verarbeitung:
Euro Grafica, Italien

ISBN 978-3-89858-954-3

Art.-Nr.: 954

Danksagung

Mein besonderer Dank gilt Frau Britta Nees von VSM Deutschland GmbH für die Umsetzung der Stickentwürfe auf der Pfaff creative 2170.

Herstellernachweise

Nähmaschine/Stickmaschine:
VSM Deutschland GmbH/Pfaff, Karlsruhe,
www.pfaff.com
Spanschachtel:
Unipan Vertriebsgesellschaft, Regen
Stickgarn:
Gütermann AG, Gutach-Breisgau
www.guetermann.com
Stoffe und Seidenblumen:
IHR
Ideal Home Range Deutschland,
Oldenburg
www.idealhomerange.com
Rosenwunder/Bänder/Bilderrahmen:
Rayher Hobbykunst GmbH, Laupheim
www.rayher-hobby.de
Zierbänder/Perlenborten/Knöpfe:
Union Knopf GmbH, Bielefeld
www.unionknopf.com
Vlieseline:
Freudenberg KG
Vertrieb Vlieseline, Heidelberg
www.vlieseline.de

Der Verlag hat die größtmögliche Sorgfalt walten lassen, um sicherzustellen, dass alle Angaben und Anleitungen korrekt sind, kann jedoch im Falle unrichtiger Angaben keinerlei Haftung für eventuelle Folgen, direkte oder indirekte, übernehmen.
Die gezeigten Materialien sind zeitlich unverbindlich. Der Verlag übernimmt für Verfügbarkeit und Lieferbarkeit keine Gewähr und keine Haftung.
Farbe und Helligkeit der in diesem Buch gezeigten Stoffe, Materialien und Modelle können von den jeweiligen Originalen abweichen. Die bildliche Darstellung ist nicht verbindlich. Der Verlag übernimmt keine Gewähr und keine Haftung.